教师教育理论与实践创新丛书

教师教育与基础教育协同发展

——教师教育创新实验区的实践探索

主　编 / 陈时见

副主编 / 陈恩伦　王正青　张学斌

西南大学出版社

国家一级出版社 全国百佳图书出版单位

图书在版编目(CIP)数据

教师教育与基础教育协同发展 : 教师教育创新实验区的实践探索 / 陈时见主编 . -- 重庆 : 西南大学出版社, 2024. 6. -- (教师教育理论与实践创新丛书).
ISBN 978-7-5697-2224-6

Ⅰ. G65

中国国家版本馆 CIP 数据核字第 2024H51J68 号

教师教育与基础教育协同发展
——教师教育创新实验区的实践探索

JIAOSHI JIAOYU YU JICHU JIAOYU XIETONG FAZHAN
——JIAOSHI JIAOYU CHUANGXIN SHIYANQU DE SHIJIAN TANSUO

主　编　陈时见
副主编　陈恩伦　王正青　张学斌

责任编辑 ｜ 郑先俐
责任校对 ｜ 雷　兮
装帧设计 ｜ 闰江文化
排　　版 ｜ 江礼群
出版发行 ｜ 西南大学出版社(原西南师范大学出版社)
　　　　　地址 : 重庆市北碚区天生路 2 号
　　　　　邮编 : 400715
　　　　　市场营销部电话 : 023-68868624
印　　刷 ｜ 重庆新荟雅科技有限公司
成品尺寸 ｜ 170 mm×240 mm
印　　张 ｜ 14.5
字　　数 ｜ 225 千字
版　　次 ｜ 2024 年 6 月　第 1 版
印　　次 ｜ 2024 年 6 月　第 1 次印刷
书　　号 ｜ ISBN 978-7-5697-2224-6
定　　价 ｜ 68.00 元

前言

　　2007年5月,国务院决定在教育部直属师范大学实行师范生免费教育,旨在营造尊师重教的浓厚氛围,探索培养优秀教师和教育家。以此为契机,我们着手进行教师教育综合改革,制定教师教育改革发展规划,拟定教师教育改革实施步骤。根据教师教育改革发展规划,教师教育综合改革分为四个阶段:第一个阶段重点推动教师培养模式改革,构建教师职前培养新体系;第二个阶段重点推动学业评价改革,构建教师教育资源平台;第三个阶段重点推动教师教育体制机制改革,构建教师职前职后一体化教育体系;第四个阶段重点推动教师教育组织机构改革,构建教师教育学科体系。这个雄心勃勃的宏大计划,源于国家师范生免费教育政策,计划用10~15年时间完成,旨在通过改革教师培养体系和创新教师培养机制,从根本上改变教师培养的现实状况,探索教师培养的新路径,从而保障优秀教师和教育家培养目标的真正实现。

　　教师职前培养是教师培养的基础,我们从2007年开始推动教师培养模式改革,明确提出"基于综合、立于专业、归于教育"的改革思路,即基于综合大学的综合优势,强化师范生的综合素养;基于中学教师的学科需求,强化师范生的学科专业素养;基于专业化的教师发展,强化师范生的教育素养;基于信息技术的变革,强化师范生的技术素养。教师培养模式改革不仅需要对培养标准和课程体系进行创新,而且依赖于教育资源的建设与保障,因此,我们从2010年开始着手创建教师教育资源平台,同时推动师范生学业评价改革。一是建设师元大楼,为教师教育改革提供充足的空间保障;二是建立教师综合能力训练中心,为提高教师职业素养与综合能力提供规范的教学保障;三是创建教师教育资源中心,为教师教育改革提供丰富的资源保障;四是创建教师素质评价与认证中心,为教师教育改革提供有力的制度保障。然而,教师教育改革不能局限在师范院校内部,因为师范院校无法独自完成优秀教师和教育家的培养任务,必须将教师的职前培养和职后发展连接和统整起来进行一体化设计。因此,我们从2013年开始推动教师教育体制机制改革,着力推进教师职前职后一体化探索,先后在重庆市渝中区和贵州省遵义市建立教师教育创新实验区,推动教师教育与基础教育的协同发展。这项持续8年的探索,无论是对于教师教育体系建设,还是对于基础教育发展,都具有创新的意义,因而探索的过程无疑蕴藏着现实的困难和巨大的艰辛。但这一系统性的探索对于我们更加深入地理解教师教育既是非常重要的经历,又是十分宝贵的财富。

此书是2013年以来西南大学教师教育创新实验区8年持续性探索的总结研究报告,是教师教育创新实验区系统性探索的理论成果。教师教育创新实验区建设的整体思路和规划由陈时见、刘义兵、陈恩伦、张学斌、刘永凤牵头完成,教师教育创新实验区建设的理论总结和报告撰写由陈时见、王正青、张学斌、肖瑶牵头完成。总结研究报告由六章构成:第一章是关于教师教育创新实验区建设的基本理念,具体由陈时见、李培彤负责完成;第二章是关于教师教育创新实验区的体制机制建设,具体由刘义兵、姜丽娟负责完成;第三章是关于教师教育创新实验区的教师发展体系建设,具体由王正青、陈琴负责完成;第四章是关于教师教育创新实验区的教师共同体建设,具体由李俐负责完成;第五章是关于教师教育创新实验区的实践基地建设,具体由常宝宁负责完成;第六章是关于教师教育创新实验区的资源平台建设,具体由肖瑶负责完成。

实际上,教师教育创新实验区建设涉及教师教育和基础教育等诸多领域,内容非常丰富,此研究报告只是对教师教育创新实验区主要方面的内容进行了理论总结。我们的探索虽然持续了8年的时间,也取得了积极的成果,但这些探索还只是初步的和阶段性的,还远远没有实现我们的初衷和目标。教师教育综合改革和体系建设可谓任重道远,希望我们的探索能够持续下去,为新时代教师教育改革和教师教育高质量发展做出力所能及的贡献。

陈时见

目录

第六章

构筑一体化课程在线资源平台 ·········· 165

第一章 坚持一体化发展理念

　　教育是国之大计,是实现中华民族伟大复兴中国梦的基础保障。教师是立教之本,是兴教之源,是教育改革发展的关键要素。教师的整体素质和能力提升最终又取决于教师教育的发展质量。因此,推进教师教育改革发展,培养高素质专业化创新型教师队伍,不仅是推进科教兴国和人才强国的重要基础,而且是实现中国梦的战略需要。教师教育一体化作为教师教育发展的重要理念,得到了世界各国的普遍认同,它使教师教育从"一次性教育"转变为"终身教育",为教师可持续性的专业成长提供了实现途径。西南大学准确把握国家教育政策导向,承继师范教育百年积淀,依托国家985优势学科创新平台项目和国务院教育体制改革试点项目,先后推进教师培养模式改革和教师教育综合平台建设,着力培养高素质专业化创新型教师。从2010年开始,西南大学进一步推动教师教育体系改革,主要针对教师教育职前职后培养体系相互脱节的突出问题,确立并实践"教师教育职前职后一体化"的发展新理念,先后与重庆市渝中区人民政府、贵州省遵义市人民政府联合共建"教师教育一体化创新实验区",整体设计和大胆实践教师教育职前职后一体化培养新体系。

一、教师教育一体化的现实背景

任何一种新事物的产生都有其独特的现实背景。我国于20世纪90年代开启对教师教育一体化的研究,教师教育一体化在我国的形成与发展绝非偶然,而是具有一定的客观必然性,一方面是顺应终身教育的时代要求,另一方面是应对教师专业发展的现实需要。

(一)终身教育的时代要求

当今时代,随着经济全球化的深入发展、科技的日新月异,学习型社会正在建成,社会对教师教育及教师专业发展提出了更高要求,即身处终身教育时代的教师,必须将主动学习贯穿于整个职业生涯,不断更新和补充专业知识及技能,提高教育水平,从而为学生灌输终身学习与持续发展的意识。一次性学校教育难以满足一个人一生发展的需要,必然需要终身学习的专业支持。师范生一次性职前培养同样难以满足教师职后专业发展的需要。可见,终身学习是时代发展的客观要求,终身教育是教师教育发展的必然方向。

1965年,法国教育家保罗·朗格朗正式提出"终身教育"这一概念,引起了热烈反响。《学会生存——教育世界的今天和明天》中将"终身教育"定义为由一切形式、一切表达方式和一切阶段的教学行动构成一个循环往复的关系时所使用的工具和表现方法。近年来,我国也倡导建立终身教育观念,《国家中长期教育改革和发展规划纲要(2010—2020年)》中提出:"构建灵活开放的终身教育体系……搭建终身学习'立交桥'……为学习者提供方便、灵活、个性化的学习条件。"终身教育贯穿于个体发展的各个环节,涉及人的思想、智能和职业等方面,激励人们坚持终身学习,通过不断更新自我而立足于社会,实现个体发展的可能性。当前,随着知识型社会的发展,知识开始具有无限性、不确定性与动态性,作为知识的传递者,教师尤其要接受终身教育。从某种程度上说,教师的存在状态应与终身学习高度契合。面临多元化社会对教师日趋多样化的要求,教师仅仅依靠某一阶段的培养就想胜任教学工作几乎是不可能的,因此,教师教育必须融会终身教育观念,建立具有连续性的教师教育体系。

终身教育理念的提出使国际师范教育迈入了一个新的发展阶段。早在1972年,詹姆斯首次运用终身教育理论指导教师教育实践,并在《詹姆斯报告》中提出"三阶段理论",即将教师培养、教师任用与教师培训三个阶段作为连续的整体进行研究。这一整合从根本上重塑了教师教育的理念。1996年于日内瓦举行的国际教育大会第45届会议通过《大会宣言》和《关于教师地位的建议》,指出"在职培训对所有教育人士既是权利也是责任","应该建立使职前培养有可能从在职培训的经验中获益的机制","应该开发和设计一些计划以使教师培训者意识到职前培养的结果,并与研究者和科学家保持永久的联系以确保其培训处于领先水平"。①与此同时,进一步提出职前培养机构与职后培训机构间紧密联系与贯通的客观必要性。至此,在终身教育理论的基础上建立职前培养和职后培训相衔接的一体化教师教育体系不仅成为一种国际共识,也成为教师教育发展的时代要求。

具体而言,终身教育理念对教师教育一体化的促成作用主要体现在以下三个方面:第一,终身教育理念要求可持续化的教师专业发展。教师教育应根据教师各阶段的发展需求,提供助力教师专业素质与个人素养持续发展的教育服务。然而,传统的师范教育忽略了教师发展的连续性,一直将教师培养的重心放在职前培养上,一度认为入职后的教师无须进行有意识的培训,其专业能力能够随着经验与科研能力的提高而自然发展,教师教育观长期处于静态与封闭状态。终身教育理念中对个体职业持续向上发展的要求,决定

---

① 赵中建.国际教育大会第45届会议的建议[J].外国教育资料,1997(6):4-9.

了教师教育发展的持续性。①它的引入颠覆了传统的教师教育观,在一定程度上承认了教师职业的专业性,将其作为一项需要通过持续学习及研究才能胜任的职业,而完成持续发展的有效途径则是将职前培养、入职教育与职后培训进行充分衔接的教师教育一体化。第二,终身教育理念要求教师的主动、个性化发展。长期以来,传统的教师培养与培训目的在于教师任职资格的达标,是带有一定社会功利性与强制性的师范教育活动,忽略了教师职后专业发展期间的主动性与个性化需求,导致教师在职业生涯中后期缺乏发展动力。而终身教育倡导从横向上突破单一的学校教育界限,建立学校、社会、家庭等多领域的学习空间,这一特点加速了教师教育一体化的形成。社会迫切需要根据教师的个性化需求制订一体化的教师教育模式,使教师专业成长的全过程都受到积极关注,以帮助其完成主动发展。第三,学习型社会要求教师教育一体化。在终身教育理念的指导下,逐渐形成了学习型社会。学习型社会强调学习的全员性、自主性与终身性,并且将个人的发展与社会的发展连接起来,通过整合一切教育类型与教育途径最大程度地帮助社会成员进行充分发展。它要求改变师范教育局限于学校教育的封闭性,把具有促进教师专业发展功能的各种教育机构与教育阶段相互联系起来,实施教师教育一体化,构建教师终身学习体系。

(二)教师专业发展的现实需要

好教师不是天生的,也不是一次性学校教育所能成就的,而是需要一个长期的、连续的培养过程。教师专业发展理论认为,教师作为教学专业人员,要经历一个由不成熟到相对成熟再到自主发展的过程,教师专业发展是一个连续、动态、终身的过程。依据教师专业发展理论,教师教育不应仅局限于职前的师范生培养,还应延伸到教师专业生涯的全过程,开展职前、入职、职后的一体化培养。教师教育职前职后一体化培养,是教师教育改革适应教师专业发展要求的必由之路,代表着未来教师教育的发展方向。

---

① 雷丹.终身教育思想对教师教育内涵及发展模式的要求[J].中国成人教育,2004(6):6-7.

　　首先,教师教育一体化是教师专业发展的阶段性所要求的。教师专业发展具有一定的阶段性,每个阶段都有特定的发展核心、主题和问题,每个阶段核心问题解决与否、解决程度如何对后一阶段有很大影响,这决定了此后教师专业发展的方向和路径。在教师专业发展的不同阶段,教师教育的着力点应当有所不同。在自我与更新取向的教师专业发展框架中,把教师的发展划分为非关注阶段、虚拟关注阶段、生存关注阶段、人物关注阶段以及自我更新关注阶段,认为应根据不同的发展阶段给予教师不同的教学服务着力点。在成为教师之前,师范生的专业发展还处于虚拟关注阶段,他们在虚拟的教学环境中获取经验,生发了反思自我专业发展的萌芽,此时应为其提供奠定教师职业基础的课程指导;入职任用阶段的教师则更多地关注生存,这是一个非常态的教师发展时期,却又是一个专业发展关键期,此时的教师直面"现实的冲突",产生了强烈的自我专业发展忧患意识,应为他们提供及时的、有针对性的支持与指导。职业中后期的教师开始将关注点转移至教学上,并渐渐根据实际条件自觉制订发展路线,以获得最大程度的自我专业发展,形成自我更新关注,这时应从外部给他们提供多样化的教师教育形式以供其自由选择,助其实现发展。明确教师教育不同阶段的着力点并不意味着每个阶段都只完成本阶段的任务。研究业已证明,教师专业发展的阶段之间有一种相互渗透、相互作用和相互制约的关系。因此,只有以教师的持续发展眼光去审视每个阶段的基本任务,关注各阶段的内在联系与前后衔接,为职前培养、入职教育以及职后培训制订合理的教育方式,将教师教育一体化形成贯通教师专业发展全过程的功能性整体,才是有效的教师教育。这也是教师专业发展阶段性对教师教育一体化的现实需求。

　　其次,教师教育一体化是教师专业发展的连续性所决定的。教师在每个阶段上专业活动的内容、形式和要求都有自身的特点,这就为教师教育组织相应的专业活动以促进教师内在素养的不断提高提供了依据。建立有连续性的教师培养、任用、培训的体制,是促进教师专业化的组织保证,也是教师教育一体化发展的迫切需要。职前培养的重点在于通过理论学习与模拟实践培养师范生的教育教学基础素质,而入职教育则需要将这种认知层面的基础能力同特定的教学情境以及学校文化进行有机连接,进行创造性改组,实现专业能力的进一步提升。处于职前培养与入职教育之后的职后培训则是将前阶段获取的理论知识与个人经验融合从而内化为个人知识的过程。在教师教育一体化的三个阶段中,不仅有对学院学习的多次回归,同时也有基于问题解决导向的探索创新,是在不断的经验积累中发展与完善职前培养阶段学习成果的全过程。教师教育各阶段的一体化完美契合了教师专业发展的连续性需求。

最后,教师教育一体化是教师专业发展的差异性所规定的。教师专业发展并不是直线式前行的。教师在每个阶段的社会际遇、生存方式、生活目标以及所扮演的社会角色等方面存在差别,他们在一定发展阶段的关注点、主要的矛盾和冲突、适应与超越所具备的条件,都会有所不同,这就会使教师的职业发展出现起伏。对于教师全程发展的研究也从多角度勾勒了教师发展的波浪式前进和螺旋式上升的特点。如卡茨(Katz,L.)关于教师发展阶段的研究表明,当教师经历了生存阶段与巩固阶段(1~3年)以后,就可能出现职业倦怠,因此卡茨主张,在更新阶段和成熟阶段要鼓励教师参加各种有助于发展的专业活动。[①]费斯勒(Fessler,R.)的教师生涯循环论提出,在经历了职前培养阶段的特定角色储备期和引导阶段的寻求认同期几年以后,教师会出现能力建立阶段和热心成长阶段,他们在这一专业发展期非常活跃,而此时如果没有专业活动的拓展,教师就非常容易快速进入生涯挫折、稳定与停滞、生涯低落期,直至生涯退出。[②]面对这些起伏,需要抓住关键要素对他们进行干预,促使他们朝着积极的方向发展,帮助他们度过专业发展低谷。教师专业发展的差异性说明,不同的教师有不同的发展阶段,不同的发展阶段面临着不同的专业发展问题和需要,这些不同的发展问题和需要有过渡和衔接关

---

① Katz L. Developmental Stages of Preschool Teachers [J]. The Elementary School Journal, 1972, 73(1):50–54.

② 费斯勒(Fessler,R.),克里斯坦森(Christensen,J.C.).教师职业生涯周期——教师专业发展指导[M].董丽敏,高耀明,丁敏,等译.北京:中国轻工业出版社,2005:78–79.

系,教师教育必须考虑不同阶段的差异和内在联系,设计出既有针对性又有统一性的培训内容和方法。也就是说,要实现教师职前培养和职后培训以及职后各个不同阶段教育的一体化,就必须实行符合教师专业发展内在规律的一体化教师教育。

二、教师教育一体化的基本内涵

厘清内涵是形成正确认识的前提。随着国内外对教师教育一体化研究的丰富与深化,其内涵日趋多样化,但也存在模糊与不明确的问题,这对教师教育一体化实践开展的科学性及指导性存在一定的负面影响。在此,我们首先厘清"教师教育"和"一体化"两个概念,并结合国内外的有关研究,探讨教师教育一体化的内涵及其特征。

(一)教师教育一体化的由来

教师教育这一实践活动在我国最先被称为师范教育,而后才逐渐演变为教师教育。"师范"一词最初是由日本引进并转译的,于19世纪末传入中国,意为"可以效仿的榜样"。1904年,清政府颁布《奏定学堂章程》,并设立了初级及优级师范学堂,正式确立了师范教育体制。

师范教育致力于对职前在校师范生进行教育。在整体教育水平低下,教师需求量大的很长一段时间里,师范教育为新中国培养了大批教育人才,他们有力补充了教育普及所需的教师数量,快速推动了国民素质的提高。可以说,在特定的历史时期,师范教育的形成与发展是社会的必然选择。但随着时代的发展变革,教育普及程度提高,知识更新速度加快,各国对教师的知识结构和教学水平提出了更高的要求。教师的学科知识及教育专业知识不能一直停留在原来的水平,教师急需通过职后教育及学科专业培训来不断增加与更新知识储备,提高教学水平,从而提升教育质量,为各级各类教育培养更多社会及时代需求的人才。在此情况下,很多国家的师范学校开始转型为综合性大学,对教师进行职前培养与职后培训,此项活动逐渐被称为教师教育。与此同时,师范教育也暴露出一定的缺陷,如师范教育是一种终结式的教育,它只包括职前阶段的培养,不包括入职及职后的继续培训,不利于教师专业水平的持续提高;在课程设置方面,师范教育采取的是学科专业与师范专业混编的模式,这两者在有限的学制里此消彼长,产生了"学术性"与"师范性"的矛盾;在教师的角色定位上也存在一定的局限,师范教育下的学生缺乏研究意识,未形成教育者与研究者的双重角色定位。因此,再继续沿用"师范教育"涵盖教师培养与培训就显得不太恰当了,重新明晰和界定"师范教育"内涵的呼声越来越高。在众多讨论中,教育研究专家钟启泉明确指出:"随着教育理论的更新以及教师教育自身的发展,终结性的'师范教育'已经不能反映教师培养和培训的实际,不能反映教师教育的发展需要和未来特征。"①

随着教育改革的发展,教师教育在一定程度上很好地弥补了师范教育的不足:教师教育以"终身性"替代师范教育的"终结性",将对教师的教育延伸至入职与职后阶段,将针对教师的教育服务贯穿至其整个职业生涯中,确保了教育的持续性;教师教育拓宽了受教育主体的范围,改变了师范教育将师范学校学生作为唯一教育对象的封闭局面,以开放性的教师资格制度将符合教师资格的人员纳入教师队伍,将师范类大学、综合类大学及教师培训学校等机构共同作为教师培养力量;在学历层次、实际教学能力等质量规格上,教师教育相较于师范教育也有明显的提升,可以满足基础教育对师资的基本要求。因此,教师教育成了师范教育转型发展的基本方向。2001年,《国务院关于基础教育改革与发展的决定》中提出要"完善教师教育体系,深化人事制度改革,大力加强中小学教师队伍建设",正式提出以"教师教育"概念取代"师范教育"概念。至此,我国真正实现了从师范教育到教师教育的演变,教师教育成为多层次、全方位、立体式的终身"大教育"。

---

① 钟启泉,王艳玲.从"师范教育"走向"教师教育"[J].全球教育展望,2012(6):22-25.

　　"一体化"一般来说包含三种含义：一是一部分，即某一事物是某一整体的一部分；二是比喻关系亲密，如同一个整体，即某两个或多个事物之间有必然的内在联系，形成一个整体；三是一样，即两个或多个事物在某些方面是相同的。"化"常加在名词或形容词后构成动词，用以表示转变为某种状态或性质。在《现代汉语词典》中，"一体化"指"使各自独立运行的个体组成一个紧密衔接、相互配合的整体"。结合"经济一体化"与"政治一体化"等常见词语的含义，可以将"一体化"理解为：为达到某种目的，使两个或多个具有内在联系却又相互分离的部分转变为具有内在联系的整体状态。

　　师范教育转变为教师教育后，教师教育被视为一种专业教育。但是此时的教师教育仍然在一定程度上保留着师范教育中教师职前培养与职后培训相互独立、忽视入职教育的情况，这导致教师教育出现以下问题：第一，机构各自为政。由于职前培养与职后培训机构分属不同管理部门，机构间缺乏联系，形成较为封闭的教师教育环境，教育资源无法得到有效整合。第二，内容低质重复。长期以来，重职前培养轻职后培训的观念使得职前培养获得的资源更多，其教育水平往往高于职后培训，导致很多教师入职后接受的教师教育内容与之前重复，甚至质量不如之前，使职后继续教育失去意义。第三，培养模式同质化。职前培养与职后培训都重理论轻实践，忽视先进教育理念的传授，导致所培养的教师严重同质化。

　　面对教师教育出现的种种问题，急需采取措施改变现状，建立促进教师终身学习与持续发展的新模式。教师教育的"一体化"正是在这种情况下应运而生的，它旨在打破教师教育机构各自为政的局面，建立统一协调的管理体系，有效整合教育资源；明确职后培训地位，合理规划职前培养、入职教育以及职后培训三阶段的教学内容，使之层层递进、相互连贯；创新培养模式，通盘考虑教师教育的目标、途径与方法，为各阶段确定合适且多样化的培养模式，提升师范毕业生的竞争力。

(二)教师教育一体化的政策导向

目前,学界对教师教育一体化的研究越来越多,教师教育一体化的内涵也呈现多样化趋势,出现不同的延伸和发展,需要从政策导向方面进行更加深入的介绍。

2001年,国务院发布的《国务院关于基础教育改革与发展的决定》第一次提及我国教师教育一体化的教师教育政策,并提出:完善以现有师范院校为主体、其他高等学校共同参与、培养培训相衔接的开放的教师教育体系。加强师范院校的学科建设,鼓励综合性大学和其他非师范类高等学校举办教育院系或开设获得教师资格所需课程。支持西部地区师范院校的建设。以有条件的师范大学和综合性大学为依托建设一批开放式教师教育网络学院。

同年,教育部针对国务院的政策建议,提出建立教师教育一体化的指导方案:建设一支高素质的教师队伍是扎实推进素质教育的关键。各级教师教育行政部门,要根据教师教育分区规划、分步实施的原则,根据三类不同地区基础教育事业发展的不同要求,继续推进师范院校布局结构的调整。逐步实现三级师范向二级师范的过渡,完善以现有师范院校为主体、其他高等学校共同参与、培养培训相衔接的开放的教师教育体系。同时,教育部也强调要把专科以上学历小学教师的培养纳入高等教育体系中。

2003年,在《教育部关于实施全国教师教育网络联盟计划的指导意见》中,教师教育"职前职后一体化"被首次提出。该指导意见指出:率先形成适应时代要求的教师终身学习体系,是建设全民学习、终身学习体系和学习型社会的重要前提。实施教师网联计划,推动教师教育创新,构建高水平、高质量、高效益的开放灵活的教师教育体系,为教师终身学习提供有力的支持和服务……在政府的支持和推动下,充分调动各级各类举办和支持教师教育的高等学校(机构)的积极性,整合资源,构建以师范院校和其他举办教师教育的高校为主体,以高水平大学为核心,区域教师学习与资源中心为服务支撑,社会力量积极参与,职前职后教育一体化,教师教育系统、卫星电视网与计算机互联网相融通,学校教育与现代远程教育等各种教育形式相结合,学历教育和非学历教育相沟通,系统集成,优势互补,共建共享优质教育资源,覆盖全国城乡的教师教育网络体系。

《2003—2007年教育振兴行动计划》中提出要建立职前职后教育相互沟通,学历与非学历教育并举的现代教师教育体系:全面推动教师教育创新,构建开放灵活的教师教育体系。改革教师教育模式,将教师教育逐步纳入高等教育体系,构建以师范大学和其他举办教师教育的高水平大学为先导,专科、本科、研究生三个层次协调发展,职前职后教育相互沟通,学历与非学历教育并举,促进教师专业发展和终身学习的现代教师教育体系。

2007年,教育部发文强调:地方各级教育行政部门、高师院校和中小学要不断创新师范生实习支教的途径和方法,积极探索三方合作、协同开展师范生教育实习工作的有效机制。

2012年,教育部、国家发展改革委、财政部在联合出台的《关于深化教师教育改革的意见》中提出,要创新教师教育模式,进一步提高教师教育一体化水平:实施卓越教师培养计划,推进教师培养模式改革,建立高等学校与地方政府、中小学(幼儿园、中等职业学校)联合培养教师的新机制,发挥好行业企业在培养"双师型"教师中的作用。支持师范大学与综合大学、科研院所、行业企业、地方政府及国外教育科研机构深度合作,建立教师教育协同创新中心。推进高等学校内部教师教育资源的整合,促进教师培养、培训、研究和服务的一体化。

《教育部教师工作司2013年工作要点》中明确要求,建设教师培养培训基地,促进教师培养、培训、研究和服务一体化,推动高等学校设立教师发展中心。

2014年,《教育部关于实施卓越教师培养计划的意见》中对教师教育一体化的内涵进行了更加具体的说明:建立高校与地方政府、中小学"三位一体"协同培养新机制。明确全方位协同内容。高校与地方政府、中小学协同制定培养目标、设计课程体系、建设课程资源、组织教学团队、建设实践基地、开展教学研究、评价培养质量……建立合作共赢长效机制。高校与地方政府、中小学建立"权责明晰、优势互补、合作共赢"的长效机制。地方政府统筹规划本地区中小学教师队伍建设……高校将社会需求信息及时反馈到教师培养环节,优化整合内部教师教育资源,促进教师培养、培训、研究和服务一体化。中小学全程参与教师培养,积极利用高校智力支持和优质资源,促进教师专业发展。

2018年,教育部等五部门印发的《教师教育振兴行动计划(2018—2022年)》中明确指出,要落实教师教育改革实验区建设行动,支持建设一批高校与中小学协同开展教师培养培训、职前与职后相互衔接的教师教育改革实验区,带动区域教师教育综合改革,全面提升教师培养培训质量。

近年来,我国关于教师教育一体化的政策导向愈加明晰,教师教育一体化的内涵也随之发展,不断丰富:从教师教育一体化的目标来看,主要在于助力教师终身发展、不断提高教师专业能力、提升教师教育质量、整合教师教育资源等。从教师教育一体化培养主体来看,呈现多元化趋势,强调多方机构共同参与教师教育,集中师范院校、综合院校、研究机构、地方教育行政部门、中小学等多方力量,共建一体化的教师教育。从教师教育一体化的内容来看,教师教育一体化强调学历教育与非学历教育相衔接,职前职后一体化,不同培养层次协调发展,教师培养、培训、研究、服务一体化等。

(三)教师教育一体化的理论内涵

学界关于教师教育一体化内涵的认识主要分为阶段衔接论和多层次论两类观点。教师教育一体化的阶段衔接论,是指把教师教育的不同阶段衔接起来,以实现教师教育一体化的观点。1998年,上海师范教育一体化课题组首先提出"教师教育一体化"的概念,认为教师教育一体化是为了适应学习化社会的需要,以终身教育思想为指导,根据教师专业发展理论,对教师职前、入职和职后教育进行全程的规划设计,建立起教师教育各个阶段相互衔接的,既各有侧重,又有内在联系的教师教育体系。这一内涵界定得到了学界的广泛认可,而后掀起了从阶段衔接论角度探讨教师教育一体化内涵的热潮。李建辉认为,所谓教师教育一体化,是将整个教师教育的过程分为职前培养、职初培训和职后继续教育三个阶段,并把这三个阶段视为教师终身教育体系中一个互相联系、全面沟通、连续统一的完整系统。①黄永刚认为,教师教育的一体化强调教师的职前培养和职后培训的整合功能,使教师通过接受持续性的教育提高自身整体素质以促进教育教学质量的提高。②肖瑶和陈时见认为,教师教育一体化基于教师终身学习的理念,有机整合教师职前培养和职后培训,使之成为一个连续不断又相互支持的整体,其实质是构建教师的终身教育体系,为教师终身学习和专业发展提供制度保障。③总的来说,中国学界较为认可从阶段衔接论角度出发界定教师教育一体化的概念,强调通过终身学习观念的影响,衔接教师教育各阶段以实现教师教育的一体化。

教师教育一体化的多层次论是在阶段衔接论的基础上,进一步探讨教师教育一体化的内涵,角度更为立体与多样。张贵新和饶从满认为,教师教育一体化包含内部和外部两个层面的一体化,其内容包括五个方面:一是培训各阶段的一体化;二是教育资源的统整;三是智力因素与非智力因素发展的一体化;四是教育理论研究和实践研究的一体化;五是教师教育与学校发展的一体化。④陈利平等认为,教师教育一体化一是指学历教育与非学历教育的一体化,即教师职前培养、入职训练与职后培训的一体化;二是指教学研究与教学实践的一体化,即构建师范大学与中小学的合作关系。⑤虞伟庚和胡锋吉认为,教师教育一体化包含教育理论与实践之间的贯通、教师培养和教

① 李建辉.教师教育实行"一体化"模式的探讨——兼谈高师院校在不同模式中的发展策略[J].高等师范教育研究,2000(6):16-20.

② 黄永刚.教师教育一体化建设的对策分析[J].天津师范大学学报(基础教育版),2000(2):40-43.

③ 肖瑶,陈时见.教师教育一体化的内涵与实现路径[J].教育研究,2013(8):149-152.

④ 张贵新,饶从满.关于教师教育一体化的认识与思考[J].课程·教材·教法,2002(4):58-62.

⑤ 陈利平,范希运,于明业.论教师教育的一体化[J].辽宁教育研究,2005(7):56-58.

师使用之间的贯通以及教师专业发展的一体化三个方面等。[①]刘义兵和付光槐认为,教师教育一体化的实现需要通过培养目标一体化、课程设置一体化、考核评价一体化和管理体制一体化这四个方面的一体化来实现。[②]总体而言,多层次论是对阶段衔接论的具体化,两者侧重点不同,阶段衔接论强调的是教师教育各阶段的相互衔接;多层次论则是在此基础上,协调教师教育的各机构、各组成部分之间的关系,以实现立体化的教师教育一体化。

由于各国的文化背景、政治经济因素不同,使得各国对教师教育一体化的理解、实践有所区别,这里简单列举美国、德国、欧盟其他国家在构建教师教育一体化过程中的发展侧重点及主要内容。美国教师教育一体化注重正式与非正式教师教育机构对教师的联合培养,强调形成大学与中小学合作关系来实现教师教育一体化,内容包括教师教育机构与中小学伙伴合作关系构建、教师教育资源共享、职前职后教育衔接、教学理论与教学实践并重等方面。德国教师教育一体化强调教师教育各阶段之间的相互衔接,注重协调多方力量,形成教师教育合力,内容包含组织机构的衔接、内容与评价的衔接、信息系统衔接等。欧盟其他国家教师教育一体化同样强调职前、入职及职后专业发展这一连续的阶段,内容主要包含教师教育各利益主体之间的合作、构建学习团体等。

总体而言,教师教育一体化的内涵边界不断拓展。首先,教师教育一体化目标的拓展。澳大利亚、欧盟一些成员国的教师教育一体化以实现教师终身专业发展为目标;德国则更加注重实现教师教育各阶段的衔接;美国开展教师教育一体化除了促进教师专业发展、提升教育质量外,还强调通过教师教育机构与中小学开展合作,促进教育公平,以实现更加宏观的目标。其次,教师教育一体化着力点的拓展。我国为统筹城乡教育发展,注重开展教师教育一体化中的城乡一体化工作;为推动教师教育信息化发展,注重开展教师

① 虞伟庚,胡锋吉.分阶段有步骤实现教师教育的"一体化"[J].南京社会科学,2008(8):126-130.

② 刘义兵,付光槐.教师教育一体化发展的体制机制创新[J].教育研究,2014(1):111-116.

教育一体化中的时空一体化工作。最后,教师教育一体化培养机构的拓展。开展一体化教师教育的机构由最初的高等院校拓展至政府、中小学、科研院所等多种机构。其中,美国与德国还将家长与专业团体等多方社会力量纳入开展教师教育的行列中。

基于"教师教育"和"一体化"的概念分析,结合教师教育一体化的政策导向和国内外关于教师教育一体化的内涵界定,我们认为,教师教育一体化是指基于终身教育思想和教师专业发展理论,有机整合教师职前、入职和职后三个阶段,使之成为一个连续不断、有机衔接、相互支持的整体,其实质是构建教师的终身教育体系,为教师持续不断的终身学习和专业发展提供保障。具体包括五个一体化:一是观念一体化。将教师教育各阶段视为一个有机联系的整体,改变重职前培养轻入职教育与职后培训的错误观念,认识到各阶段的连续性与阶段性。二是机构一体化。成立专门的教师教育机构,整合教师教育各阶段的教育资源,为教师提供满足各阶段发展需求的教育服务。同时,注重建立高校与中小学间的合作,发挥各自优势,提升教师教育水平。三是目标与内容一体化。根据教师职前、入职以及职后三个阶段的发展特点统筹规划教师教育目标体系,契合教师专业发展特点,将教师划分为证书教师、初任教师、熟练教师、优秀教师与专家教师五个层级以制订相应的课程内容。四是管理一体化。突破教师教育管理部门各自为政的局限,协同高等院校、中小学、地方政府及教研机构等,建立权责分明、协调共进的管理体制。五是师资一体化。组建由高等院校教育专家和学科教育教师、教研机构教研员和中小学名师构成的一体化师资队伍,实现教师教育者互聘互派,发挥各自优势,提升教师教育一体化水平。

三、教师教育一体化的基本特征

教师教育一体化是提高教师教育质量的关键,是依据终身教育思想和教师专业发展理论,统筹规划教师教育的目标与内容体系、教师教育课程与资源、教师教育机构以及体制机制等方面,改变教师教育目标笼统模糊、内容低质重复、教育资源分散、机构彼此隔离的不利局面,建立一个服务于教师职业生涯发展全过程、衔接教师发展各阶段、协调多种培养机构的终身教育体系。教师教育一体化的目的是实现教师终身专业发展体系的建构,从而提高教师教育质量,提升国家教育水平。因此,教师教育一体化的首要特征为终身性与专业性。另外,教师教育一体化将教师的成长过程划分为不同阶段,并根据不同阶段的特点制订合适的教育计划,表现出阶段性特征。同时,教师教育一体化为教师提供自我发展的途径,并且处于不断调整与发展的状态之中,与时俱进,因此具有一定的发展性。

(一)教师教育的终身性

终身教育思想是许多国家教育改革的指导方针,对于教师教育一体化来说,终身教育思想是促使其形成与发展的关键,并且指导着教师教育一体化的发展方向与实施方法。因此,终身性是教师教育一体化的首要特征。

"终身教育"原为法语中的"永久的教育",后由联合国教科文组织翻译为"lifelong integrated education",意指"终身融合教育",后又发展为现在一直通用的"lifelong education"。终身教育是指人们在一生各阶段当中所受各种教育的总和,包括教育体系的各个阶段和各种方式,既有学校教育,也有社会教育;既有正规教育,也有非正规教育。它将人的学习年限设置为一生,认为每一个场所都可以作为开展学习的地点。教师教育一体化的实质是构建一个致力于教师终身专业发展的教育体系,为教师接受终身教育提供专业化的方法与途径。

教师教育一体化的终身性主要体现在以下四个方面:

一是教师教育一体化包括了对教师职前、入职以及职后三阶段的培养,将教师教育的过程贯穿整个教师职业生涯,使之成为一个有机连续体。

二是以教师教育终身化观念为指导设计培养目标。虽然教师在职前、入职及职后阶段的特点不同,培养的侧重点有较大差异,但是教师教育一体化下的培养目标体系并不是各阶段目标的简单相加,而是充分考虑各阶段教师教育在终极目标上的整体一致性而进行的有机整合。

三是以推动教师终身学习为目的创新教学模式。传统教师教育的教学模式没有将教师作为教育的主体,教学常常形成单向灌输教育理论、教师被动接受的局面,培养模式重课堂教学轻自主学习、重集中面授轻远程学习、重理论传授轻实践锻炼,无法满足教师的个性化学习需求。教师教育一体化下的教学模式则将教师作为教师教育的中心,以培养探究型教师为目的,通过实施课堂教学与自主学习并重、集中面授与远程学习并重、理论传授与实践锻炼并重的创新型教学模式,帮助教师进行个性化的主动学习,增强教师的参与性与反思意识,为教师的终身专业发展提供了有效途径。

四是为教师的终身成长提供多样化的培养场所及教育组织形式。一体化的教师教育将培养教师的机构由原来单纯的师范学校拓展至由地方政府、高等院校、教研机构及中小学组成的协作共同体,为教师提供了学校教育与社会教育相结合的学习形式。同时,一体化的教师教育还充分整合了来自正规教育组织与非正规教育组织的各类教育资源,形成了促进教师终身发展的合力。

（二）教师教育的专业性

教师教育一体化是当代教师教育转型发展的时代趋势，其最终目的是致力于教师的专业化及专业的持续发展，因此具有专业性。教师专业化是指教师在整个职业生涯中，通过专门训练和终身学习，逐步习得教育专业的知识与技能并在教育专业实践中不断提高自身的从教素质，从而成为教育专业工作者的专业成长过程。实现教师的专业化，需要通过具有专业性的教师教育体系。

教师教育一体化构建了高度专业化的教育体系，能够为教师专业成长提供可持续的教育，不断提升教师指导学生、优化教育质量的能力。教师教育一体化的专业性主要体现在以下几个方面：

一是专业的教师教育机构。这些机构是经专业组织认定具备教师教育资格的机构，它们往往是集师范生培养、职后教师培训、区域教师教育发展规划、教师教育资源平台建设、教师教育研究等功能为一体的教师专业发展专门机构，能够有效整合教师职前职后培养，确保各阶段的教师教育有序运行。

二是专业的教师教育队伍。随着教师教育一体化的发展，教师教育队伍建设应具有统整教师职前、入职及职后三阶段教育共生发展的前沿性。教师教育师资队伍通常由具有深厚专业知识基础和丰富实践经验、能够根据教师身心发展规律及各阶段专业需求为其提供专业指导的教育工作者组成，具体来说，便是由高等院校教师教育专家、中小学优秀教师、教研机构以及地方教育行政部门的工作人员共同组成。

三是专业的教师教育目标及内容体系。教师教育目标与内容的专业性取决于其制定是否以教师专业知识、专业才能以及专业情意的发展为导向。在教师专业知识方面，教师教育一体化的专业性体现在为教师提供专业的本体性知识、条件性知识、普通文化知识及实践性知识，即所教学科专业知识、教育理论知识、通识性知识以及课堂情境知识；在教师专业才能方面，教师教育一体化的专业性体现为根据教师各阶段的专业发展特点，提供促进其教学组织能力、教学调控能力、教学研究能力提升的教学技能;在教师专业情意方面,教师教育一体化的专业性体现为引导教师形成远大的教育理想、高尚的专业情操以及健全的人格等。

四是专业的教育教学方式。教师的专业成长既需要理论知识的引导,也需要实践经验的积淀,集"学科"与"教育"、"理论"与"实践"为一体。专业的教育教学方式既重视教师的学科专业与教育专业两种专业化教育,又注重对教师进行教学理论知识的传授与实际教学技能的演练,形成全面的教育教学体系。

五是教师教育一体化的专业性还体现在专业学位与专业标准上,即教师可以通过教师教育一体化培养获得专业学位、专业成长;教师教育一体化具有专业的课程标准、机构认证标准。

(三)教师教育的阶段性

教师教育一体化以教师专业发展理论为指导,研究教师在各发展阶段的特点与需求,按照"三段"(职前培养、入职教育与职后培训)"五级"(证书教师、初任教师、熟练教师、优秀教师与专家教师)一体化目标体系设计具有层次性的能力训练体系,体现了阶段性。

职前培养阶段,教师教育以培养合格教师为主要目标。这一阶段的教师还未形成体系化的专业情意与专业知识,具有较强的可塑性。因此,在这个阶段要通过综合基础课程、学科专业课程、教育专业课程与教育实践课程等,让教师形成坚定的从教信念、具备扎实的专业基础和熟练的教育技能,为专业的可持续发展奠定坚实基础。

入职教育阶段,教师教育以培养初任教师为目标。这一时期的教师最容易对自身的胜任力产生怀疑,易陷入进退两难的矛盾情境中,但也因此具有较强的学习积极性。在这个阶段要通过综合基础课程、教育专业课程与教育实践课程等,帮助初任教师尽早适应工作环境,树立发展信心,实现角色转换,消除阻碍后续职业发展水平与速度的不利因素。另外,此时应重点设置相关训练,将初任教师职前培养阶段所学的教育理论知识与入职期间的课堂实践相衔接。

职后培训阶段,影响教师专业发展的外部动因逐渐减少,此时的教师具有较强的专业发展意识,教师教育以促进教师向熟练教师、优秀教师与专家教师逐层发展为目标。针对熟练教师,由于这一层级的教师各方面处于稳定初期,其专业发展意识不如后两个层级的教师,因此培训的重点在于通过教学实践与专业课程提高他们的教学组织管理能力,完善其理论知识,并引导其建立更深的职业认同感。针对优秀老师,他们的教学能力已发展到较高水平,具备较强的研究意识,因此,此时的教师培训要注重为其提供较为前沿的理论知识与一定的研究条件,并帮助其建立更高层次的职业理想。发展至专家教师层级的教师具有高度的专业发展意识,在专业知识更新、实践经验总结方面的自主性极强,此时应为他们提供教学反思的机会,帮助他们通过教育叙事等研究方法将教学经验外化,培养其引领示范意识,并且为其提供研究条件,继续发展其教育科研能力,强化其教育理想与情怀。

总而言之,教师在职前、入职以及职后阶段的发展特点不同,因此各阶段的培养目标与实现路径也不同。教师教育一体化的阶段性就是要将职前培养作为入职教育与职后培训的基础,将入职教育作为职前培养与职后培训的连接,将职后培训作为职前培养与入职教育的补充,使各阶段前后兼顾、相互衔接,形成一个有机完整的体系,避免低水平的重复和资源的浪费,保证教师的可持续发展。

(四)教师教育的发展性

教师的职业生涯是一个不断进步变化的动态过程,既需要教师个体具有发展意识,又需要通过具有发展性的教师教育推动教师由不成熟走向成熟。教师教育一体化的一大特征是发展性,即以教师教育发展规律以及教师个体的身心发展规律为导向,促进教师发展。教师教育一体化的发展性主要体现在以下几个方面:

一是发展的教育理念。对于教师而言,先进的教育理念是促进教师持续发展的首要因素。一体化的教师教育能帮助教师了解民主化、人本化、终身化、信息化以及国际化等世界教育趋势,引导教师形成生活性、发展性及生命化课堂等先进的教育理念,使教师在这些理念的指导下充满发展动力,实现专业成长。

二是发展的专业技能。现代化教育的发展向教师教学的专业性与创新性提出了更高要求。教师教育一体化的发展核心即为教师提供促进其专业技能发展的教育,通过在教学方法的选择、课堂教学的设计、课堂管理、教学演示、教学成果的巩固等方面进行不断研究,帮助教师形成全方位的专业技能发展体系,满足时代的要求。

三是发展的道德情感。教师的天职不仅在于教书,同样在于育人。新时代学生发展质量的标准已经改变,教师不能仅关注学生的学业成绩,还应重视其道德情感及价值观等方面的发展情况。因此,教师教育一体化的一大任务在于引导教师职业道德与职业情感的正向发展,帮助教师形成高尚的职业道德与强烈的职业情感,以促进学生的全面发展。

四是发展的研究能力。教师的发展离不开创造性地教育教学。发展的研究能力是指教师突破课程实施的执行者身份,从研究者的角度,运用教学理论与方法,探究教学的本质和规律,并将其上升到理论高度以创造性地解决教学实践中的困难,这样才能为教师的发展提供源源不断的动力。教师教育一体化在实施过程中高度关注教师研究能力的发展,为各阶段的教师提供专业的教育理论、充足的实践机会以及一定的研究条件,使教师在教学科研中成为真正的研究者与创造者。

此外,教师教育一体化为教师提供了实现自我发展的途径。教师的自我发展是专业发展的动力,教师教育一体化从教育理念、专业技能、道德情感等方面帮助教师树立自我发展意识,鼓励教师开展自我发展行动,从一体化课程的设置、教学方法的研究、管理机构的改革、教育资源的建设等方面为教师提供实现自我发展的途径,从本质上体现了教师教育一体化的发展性。

四、教师教育一体化的实施原则

教师教育一体化的实施原则是指在实现教师职前培养、入职教育与职后培训一体化过程中需要遵循的基本原则以及需要注意的基本问题。只有在实施过程中遵循原则，才能在最大程度上避免培养过程中出现问题，确保教师教育一体化工作的有效推进。推进教师教育职前职后一体化，既要根据教师不同发展阶段的特点与终身专业发展的整体性要求，构建职前、入职、职后相互衔接、融会贯通的终身教师教育体系，也要根据资源优化配置与高效利用的原则，构建高等院校、地方政府、教研机构、中小学有机统一、彼此融合的整体化教师教育机构。

（一）坚持教师专业学习的终身性

随着终身教育理念深入人心，各国将终身教育作为维持社会可持续发展的指导思想，终身教育时代已然来临。此时，终身教育的内涵进一步明晰，即在纵向上要求教育贯穿人的一生，在横向上追求各种教育资源的统整，使教育贯穿人生各个阶段。联合国教科文组织在《教育——财富蕴藏其中》中建议："把终身教育放在社会的中心位置上，重新考虑并沟通教育的各个阶段。"教师教育作为教师培养的关键环节，应将终身性作为其一体化的首要原则。

教师的专业发展是终身化的过程，是教师自我发展、自我完善的过程，需要教师不断提高专业素质，持续更新教育观念、专业知识和能力结构。"一次学习，终身从教"的封闭性培养模式已不复存在，当前知识更新速度加快，职前培养阶段所学习的专业知识很可能已与现实教学情境相脱节，加之网络技术的发展及广泛应用，学生接受知识的渠道愈加广泛，前喻文化使教师权威面临挑战,为此,教师教育必须摒弃"一次性教育"的落后观念,紧密衔接职前培养、入职教育与职后培训三阶段,秉承终身性原则实施一体化。

第一,加快转变教师发展观念。确保教师教育一体化顺利实施的关键是转变教师观念。教师教育应通过为教师提供多样化的学习机会,激发教师对知识的迫切需求,提高教师自主学习的积极性,改变以往教师教育自上而下的强制性教育。同时,教师教育应在教师发展的各个阶段强调教师角色的转变,从外部帮助教师将自身定位为学习的促进者、课程的发展者、教育教学的研究者,增加教师的使命感与责任感,使教师注重职前、入职及职后学习的阶段性与连贯性,形成不断发展的教育观、质量观与学生观。

第二,特别强调教师教育各阶段的紧密衔接。因为教师教育一体化是职前培养、入职教育及职后培训三阶段紧密衔接、持续发展的过程,因此必须充分考虑每一阶段与前后阶段的对接问题,形成教育合力,助力教师专业发展全过程。在职前培养阶段,要考虑到教师职业的长期性,尽量在夯实师范生理论基础的前提下给予其实践机会,帮助师范生提早适应入职及职后阶段所面临的真实教学情境。入职教育阶段是职前培养与职后培训的中间环节,起着承上启下的作用,要帮助教师尽快实现角色的转变,熟悉学校工作环境,熟悉教学全过程。职后培训阶段时间最长、任务最重,是需要教师在巩固前两个阶段的专业能力的基础上不断调整、更新与提高自身能力,从而向专家教师发展的重要阶段。只有完成这三阶段的一贯式培养,才能保证教师教育一体化的终身性原则真正得到落实。

第三,高度重视教师信息技术运用能力与教学研究能力的培养。教育信息化使提高教师信息技术运用能力成为当务之急。教师只有具备一定的信息检索能力、信息选择与辨析能力、信息分析与分类能力以及信息运用能力,才能抓住教师教育为教师提供的自主学习机会,在广阔的教育资源中选择与自我专业发展相契合的有效信息,为终身学习创造条件。另外,若想将教师教育作为终身教育,还应注重培养教师的教学研究能力。教育科研是促进我国教育事业持续发展的重要条件之一,同时也是促进教师专业能力终身发展的有效途径。教学研究是指教师在对教学实际进行思考、总结与提炼的过程中将实践经验上升为具有指导性的教育理论,进而促进教学能力的进一步提升。培养教师教学研究能力的过程也是教师教育有步骤、分阶段地促进教师由合格教师向优秀教师和专家教师"进化",并反哺高校师范生培养模式优化,形成良性循环的过程。这使得教师的专业能力得到升华,成为其得以贯彻各阶段专业能力终身发展的源泉。

(二)强调教师专业发展的整体性

教师职前培养、入职教育及职后培训三阶段是紧密联系、不可分割的整体,因此在教师教育一体化的实施过程中必须坚持整体性的原则,整合三个阶段的发展目标、课程体系与评价方式,发挥其作为有机整体的作用。

首先,统筹职前培养、入职教育及职后培训的发展目标。明确并统筹教师教育各阶段的发展目标,提高目标达成度是有效实施教师教育一体化的前提条件。目前,教师教育培养目标存在笼统模糊、定位不准、缺乏层次性的问题,亟须通过统一规划总目标,协调职前培养、入职教育与职后培训的发展目标,形成既各有侧重、相互区别,又密切联系、富有发展逻辑的目标体系,提高教师教育水平。一方面,确立教师教育一体化总体目标,即为中小学培养高度专业化的优秀教师乃至具有引领作用的教育家。另一方面,规划一贯式各阶段培养目标侧重点:职前培养阶段以培养合格教师为基本目标,为其入职及职后发展奠定理论基础;入职教育阶段以培养熟练教师为基本目标,进一步夯实初任教师的基本专业理论与实践技能;职后培训阶段重点提升教师的教育反思与教育研究能力,使其形成个性化教学模式,强化其模范意识,引领熟练教师向优秀教师及专家教师发展。

其次,统整职前培养、入职教育及职后培训的课程体系。课程体系的构建是教师教育一体化的重要环节,各阶段相互衔接、形成整体的课程是教师教育的活水之源。然而,当前教师教育三阶段的课程内容存在交叉重复或脱节的情况,未体现出后一阶段课程的发展性、上升性及整合性,没有形成层级分明、前后连续的课程体系。要发挥教师教育一体化的优势，就必须统整职前培养、入职教育与职后培训的课程，使一体化落到实处。因此，在实施教师教育一体化的过程中要抓住各阶段的培养重点，构建具有整体性的"三位一体"的教师教育课程新体系。职前培养阶段的课程设置以树立从教信念、夯实理论基础、提高综合能力为重点。入职教育阶段的课程设置要发挥过渡性作用，以助力教师适应岗位、理解课标教材、强化教学实践技能为重点。教师职后培训应精准定位教师发展阶段，即熟练教师、优秀教师和专家教师三个发展层级。熟练教师的课程设置以补充教育教学理论、提高教学组织管理能力、强化职业情感为重点；优秀教师的课程设置以更新教学专业理论知识、总结教学实践经验、提高教学研究能力为重点；专家教师的课程设置以探索专业理论前沿、提高专业带头能力、升华职业理想情怀为重点。

最后，统建职前培养、入职教育及职后培训的评价方式。契合教师专业发展的评价方式可以促进教师教育科学化，激励教师全面发展，而单一模糊、各阶段脱节的评价方式将会阻碍教师教育各阶段问题的反馈，不利于教师的可持续发展。因此，需结合教师专业能力评价标准以及各阶段教师的发展特征构建具有衔接性的评价方式。在职前培养阶段，确立"学分式"评价方式，设置围绕职业信念、基础专业理论与教学技能等方面的必修学分，以任课教师、实习学校教师为评价主体对师范生进行评价，并将评价结果作为入职教育及职后培训中评价的重要参考。在入职教育阶段，根据教师专业发展标准建立评价标准，以入职阶段跟随的导师以及所教学生为评价主体，围绕教学态度、适应能力及课堂教学能力进行评价，并且辅助建立教师专业发展档案，档案将终身伴随教师的专业发展，不断更新与完善。在职后培训阶段，以同事及学生作为评价主体，以问题为评价导向，围绕教学过程中遇到的实际问题，细化教学过程中的指标，制订具有针对性及动态相关性的评价方式。

（三）突出教师教育机制的协同性

协同性是指各结构元素在整体发展运行中相互协调、协作,形成合力以推动事物向积极方向发展的相干性。在教师教育中,协同性指高等院校与地方政府、教研机构、中小学等组建协作共同体,相互配合,探索教师教育一体化运行机制,通过资源共享实现教师职前培养与职后培训有机整合以及教师终身发展的一种协调性。

长期以来,我国教师职前培养主要由高等院校负责,职后培训主要由地方教研机构及中小学承担,两者分属不同的管理部门,在执行培养培训的过程中缺乏沟通与协作,各自为政,处于相互隔离的状态。这种情况导致教育资源缺乏统整,高等院校与地方政府及教育管理部门、教研机构、中小学之间各自封闭,没有实现职前培养、入职教育、职后培训各阶段的无缝对接,影响教师的终身发展。因此,为提高教师教育水平,就必须在教师教育一体化实施过程中坚持协同性原则,形成教师教育的创新合力,统筹搭建一体化的资源共享大平台,探索创建一体化的运行机制,解决教师教育资源分散以及机构彼此隔离的问题,形成各方力量整体推进教师教育发展的激励措施,实现教师教育一体化的可持续发展。

第一,构建协同发展共同体。为了推动教师教育的协同性,需要构建高等院校、地方政府、教研机构和中小学"四位一体"的协同发展共同体。通过"四位一体"打破高等院校、地方政府、教研机构和中小学之间相互分离的管理格局,创建以教师发展为共同目标的创新机制,形成职前职后教师教育培养一体化合力。

第二,明确不同主体的基本职责。协同发展并不意味着机构的同质化发展,而是机构间各有侧重,实现整体上的协同发展。因此,需要明确不同主体的职责。

高等院校作为教师教育一体化的智库,需要为教师教育一体化提供专业支撑。一是要与政府部门协同确定符合师范生发展规律的培养体制,打好职前培养基础;二是要加强与中小学的联系,构建学术性与实践性相结合的教师教育课程与教学方式,培养符合国家政策导向与适应基础教育改革需求的教师;①三是要发挥理论研究优势,及时发现教师教育一体化中存在的问题,结合国际教师教育发展前沿进行理论研究,为教师教育一体化发展提供具有建设性的政策咨询,创新发展教师教育一体化模式。

地方政府在教师教育一体化实施过程中发挥着总领全局的作用。一方面,地方政府要根据国家教师教育一体化的指导方针确定发展方向,颁布相关法规确保工作的有序开展。同时,地方政府还应进行合理的资源分配,财力上保障专款专用,严格监督资金使用流程;物力上完善教师教育一体化基础设施建设及教育资源库建设;人力上做好教师教育师资队伍建设的顶层设计等。另一方面,地方政府需要从宏观层面形成系统思考,统筹协调各高等院校、中小学及教研机构,指导各部门形成紧密联系。

教研机构主要履行教研、指导与管理职能。一方面,要紧密联系高等院校与中小学,了解双方工作的开展情况,并给予有效指导;另一方面,要加强与非正式教师教育机构的联系,整合教师教育资源,并着力建设教育理论专项课程资源库、教学软件资源库、精品课程资源库等优质教师教育课程资源,实现资源的共享与互补。

中小学作为基础教育的主阵地,一是要发挥实践优势,根据教育一线具体情况参与教师教育一体化政策的制定,并且发挥好检验作用,及时反馈教师教育一体化实施的成效及问题;二是要加强与高等院校的联系,为师范生提供实践平台,安排优秀的一线教师对师范生进行指导,在提高师范生教学能力的同时提高一线教师的专业发展能力。同时,要注意总结实践经验,与高等院校通力合作,将其升华为实践理论,促进教师教育质量的提升。

在开展好各部门工作的同时,要发挥高等院校的辐射作用,建立高等院校与地方教育行政机构协作的校地(U-G)联动,高等院校与中小学协作的校

---

① 李琼、裴丽.深化教师教育改革的突破口:创建政府、大学与中小学的协同一体化[J].教育理论与实践,2017(5):29-31.

校(U-S)联动,高等院校与地方教师进修学院、教研院所等教研机构协作的校所(U-I)联动,全面整合教育资源,促进教师教育机构的全方位合作。此外,还应设立统整教师职前、入职及职后培养管理与运行的专门机构,以确保教师教育职前职后一体化的整体运行与有效实施。

第三,建立教师教育一体化的保障系统。形成协调共进的组织机构、工作制度、师资队伍、资源平台及发展联盟,是确保教师教育一体化遵循协同性原则的重要保障。因此,应建立健全推进教师教育一体化的组织机构,破解组织机构条块分割的难题;制定推进教师教育一体化内容完善和各阶段有机衔接的工作制度;组建由高等院校教育专家和学科教育教师、教研机构教研员和中小学名师等专业人员构成的教师教育师资队伍;搭建能够满足教师时时、处处学习需求的教师教育课程资源平台;建立区域性教师发展联盟,搭建交流协作平台,共享优质课程与师资资源,带动跨校、跨地域的教学团队建设。通过这些保障系统间的协同合作,使教师教育一体化有序推进。

第二章 构建"三段五级"教师发展体系

　　教师教育一体化是以终身教育思想为指导，根据教师职业生涯的阶段性特点，对教师的职前、入职和职后培训进行统一规划，并使之相互贯通而建立起来的连续性教师教育体系。自20世纪70年代英国《詹姆斯报告》发布以来，"职前职后一体化"成为世界各国教师教育改革与发展的重要趋势。受国际教师教育改革与发展趋势的影响，加上原有教师教育双元制度的弊端凸显，我国在20世纪90年代开始了本土化的教师教育一体化理论与实践探索。在教师教育创新实验区的建设过程中，我们将教师专业发展的职前、入职和职后三个阶段，细化为证书教师、初任教师、熟练教师、优秀教师和专家教师五个进阶发展水平，从而形成了"三段五级"教师专业发展体系。

一、教师专业发展的基本框架

教师专业发展理论是建立在职业生命周期阶段论的研究与理论的成果之上的。随着教师专业发展理论的不断发展,人们对教师专业素养展开了持续性的研究,并取得了重要的研究成果。

(一)教师专业发展理论

教师是人类优秀文化成果的继承者和传播者,教师的发展应该是完整的、和谐的、多方面的和自由的。追求自身的不断丰富和完善是人类的一种本能,生命的自然演变过程和周期对处于不同职业发展阶段的教师的影响是巨大且深远的。整体来看,目前关于教师发展阶段的理论主要有三阶段、四阶段、五阶段之说。

福勒(Fuller)是教师生命周期理论的先驱者,提出关注阶段论,将教师专业成长阶段划分为:教学前关注阶段,特征是该阶段教师只是想象中的教师,只是关注自己;早期生存关注阶段,特征是该阶段教师关注自我胜任能力,关注课堂控制、学生评价;教学关注阶段,特征是该阶段教师关注目前情境下如何完成教学任务,如何掌握相应的教学技能;关注学生阶段,特征是该阶段教师开始把学生作为关注的核心,关注如何通过教学更好地影响学生的成绩和表现。

20世纪70年代末,伯顿(Burden)等学者提出了教师生涯循环发展理论,认为教师的发展要经历三个阶段:一是求生存阶段,特征是教师教学活动有限,教师关注学科教学,缺乏信心且不愿尝试新方法;二是调整阶段,特征是教师学到了有关组织课堂、学生、课程和方法的知识,开始注意学生的复杂性,并学习新的技能以满足各方面的需要,逐渐有了信心;三是成熟阶段,特征是教师感到能更好地控制教学活动和教学环境,以学生为中心,能够处理可能出现的问题,已经有了新的、独到的专业见解。

司德菲(Steffy)提出教师生涯的人文发展模式,将教师的发展划分为:预备生涯阶段,特征是教师持理想主义,富有创意和活力,容易接纳新观念,积极进取;专家生涯阶段,特征是教师有较高的教学能力,能激发自我潜能,达到自我实现;退缩生涯阶段,特征是教师漠视教学革新,职业倦怠;更新生涯阶段,特征是教师以积极措施应对倦怠,学习新知识,并致力于专业成长;退出生涯阶段,特征是教师离开教师岗位,安度晚年或继续追求专业成长。

休伯曼(Huberman,M.)依照教师对发展主题的认识和理解不同,将教师职业的发展周期区分出不同的发展路线,其理论更加详细和具有针对性,为我们了解教师专业成长提供了一个非常有用的参考架构。教师专业社会化从时间限度来说贯穿教师整个职业生涯的全过程,受多种因素交织作用的影响。教师的专业意识、专业态度、专业知识、专业精神在教师从事教育教学活动的职业生涯中逐渐完善,尤其是实习教师,受教者和施教者的双重身份要求他们主动调节自己适应所在学校的观念、价值和例行做法,而不仅是接受新的教育教学理念或教育科学理论知识。可见,教师专业社会化具有一定的个体性,其研究对象是在社会学中具有自然和社会双重属性的完整意义上的人(教师)的变化过程。

莱西(Lacy,C.)在对实习教师的研究中,把教师专业化过程划分为四个阶段:第一阶段为"蜜月"阶段。实习教师从学生的繁重学习中挣脱出来,初次体验到做教师的乐趣。第二阶段为"寻找教学资料和教学方法"阶段。实习教师通过查找各种有趣的相关材料和方法来应付课堂中出现的问题。第三阶段为"危机"阶段。实习教师在课堂中遇到的问题越来越多,压力越来越大,仅靠查阅资料已无法应对各种课堂问题,逐渐陷入"危机"状态。第四阶段为"设法应付过去或失败"阶段。教师对不得不做出的妥协和改变不再感到内疚,能够坦然地以教师的姿态站在课堂上。

伯林纳(Berliner,D.C.)认为,教师的专业发展从某种意义上说,就是教师教学专长的发展过程。教师从新手发展成为专家并不能单纯地依靠时间的累积自然发生。教学情境正随着新技术、新产业的出现发生着翻天覆地的变化,教师既要具备一定的前沿性的学科专业知识、技能,又要使其在实践中与个人的品德、情感、价值观念、应用场景相融合,通过多种形式的"反思"促进教学专长研究成果的转化与应用,更好地指导专业发展的实践,帮助自己从新手成长为专家。一般而言,人们将教师专业发展划分为职前阶段和从事教育工作的职后阶段。

(二)教师专业素养的结构

20世纪60年代,国际上开始了教师教育改革运动,其重点在于教师能力的培养,这也是教师专业素养的体现,并形成了在师范教育中盛极一时的"能力本位师范教育"。在此背景下,研究者也开始对教师实践能力进行研究,并形成了两条研究路径:一条路径是通过教育评价的开展,研究和区分好教师和一般教师在能力上的差别及其具体维度。如西普森(Simpson,H.)使用等级评定方法对教师的自我评价涉及的教学能力(如传授知识的能力、组织教学的能力、处理人际关系的能力等)进行研究。另一条路径是把教师的课堂教学能力作为影响学生学习成绩的一个因素,从而筛选出与学生学习成绩存在高相关的那些能力因子。如在美国佛罗里达州支持下进行的一项研究中,研究人员调查了中小学教师所需要具备的教学能力,总共列出了7个领域1000多项和学生学习成绩有关的能力。这7个领域是:量度及评价学生行为、教学设计、教学演作、负担行政职责、沟通能力、发展个人技巧、使学生自我发展。①

美国斯坦福大学的爱伦(Allen,W.)教授提出了教师需要具备的14种教学技能:刺激的变化、导入、概括、沉默与非语言暗示、学习者参与学习的强化、提问的频率、提问的深度、高质量的问题、发散性的问题、留意对方的发言和行为的态度、解释和实例的作用、讲解、预定计划的反复、沟通的完成。美

①唐玉光.教师专业发展的研究[J].外国教育资料,1999(6):39-43.

国佛蒙特州伯灵顿学区委员会在广泛调查和研究的基础上,确定了19种教学基本能力,并进一步把这些能力划分为教学活动的4个主要能力领域,分别是计划与准备、课堂环境、教学过程、教师职责(见表2-1)。美国还有很多教育学家也对教师的教学行为进行了详尽的微观分析,提出教师应成为教育方面的"临床专家",认为合格的教师需要具备以下多方面的能力:书面与口头表达能力、示范能力、科研能力、教学能力、创新能力、实验指导能力、教科书处理能力、交际能力、就业指导能力、自制力、推理能力等。

表2-1　美国佛蒙特州伯灵顿学区委员会对于教师教学基本能力的分类

能力领域一:计划与准备	才能1a:阐述教学内容与方法
	才能1b:让学生理解阐述的内容
	才能1c:选择教学目标
	才能1d:解释知识的来源
	才能1e:设计和谐一致的教学过程
	才能1f:评定学生的学习
能力领域二:课堂环境	才能2a:创造和谐、尊重的氛围
	才能2b:形成一种有利于学习的文化气氛
	才能2c:组织教学程序
	才能2d:管理学生行为
能力领域三:教学过程	才能3a:清晰、准确地讲授
	才能3b:运用提问和讨论的技巧
	才能3c:让所有学生都参与学习
	才能3d:为学生提供书面和口头反馈
	才能3e:应变和反应灵活
能力领域四:教师职责	才能4a:教学反思
	才能4b:保持精确的记录
	才能4c:与家长交流
	才能4d:为学校、社区和教师职业做贡献

20世纪80年代,英国的布朗提出了教师入职前需要具备的8项基本技能:导入与结束、概念教学、教学的生动性、解释、倾听、提问与提示、强化、参与讨论。英国的特罗特(Trott)排除其他各项特殊因素,将教师的教学能力与

学生的学习相联系,确定了能促进师生相互作用的6项教学技能:变化能力、导入能力、强化能力、提问能力、例证能力、说明能力。国际培训、绩效、教学标准委员会(IBSTPI)制定的最新的教学能力标准中包含5个能力维度,分别是专业基础、计划与准备、教学方法与策略、评估与评价、教学管理。①舒尔曼(Shulman)从课堂教学各环节的组织出发,认为教师的教学能力结构应包括4个组成部分,即课堂组织与管理、清楚地解释与生动地描述、布置与检查学习任务、通过课堂中问题的提出及学生的回答与学生进行互动。②

国内开展教师专业素养研究的时间相对较晚一些,但近几十年来,不少学者都提出了关于教师素养结构的模型。叶澜教授认为,教师的专业素质应包括5个方面。第一,教育理念:对教育工作本质的理解;关于教育的观念与信念。第二,专业精神:认识教育事业的重要性;形成对教育事业的责任感;具有乐业、敬业和为专业奉献自己的精神。第三,专业知识:一般的较为宽广的科学与人文素养;当代重要的工具性学科的知识和技能;1~2门学科专业知识和技能;教育教学知识与技能。第四,专业能力:社会交往能力;组织管理能力;教育研究能力。第五,专业智慧:感受、判断新状态、新问题的能力;把握教育时机和转化教育矛盾、冲突的机智;迅速做出教育决策和选择;根据实际对象、情境和问题,改革教育行为的魄力。林崇德先生等人提出,教师专业素质包括:第一,职业理想,即教师的事业心、责任感和积极性等,也就是我们平时所说的师德。第二,知识水平,包括教师的本体性知识、实践性知识和条件性知识。第三,教育观念,指教师对教育、学生、教学的现实主观看法。第四,自我监控能力,指教师为了保证教学的成功,在教学的全过程中将教学活动本身作为意识的对象,不断地对其进行积极主动的计划、检查、评价、反馈、控制和调节的能力。第五,教学行为,指教师在教学过程中表现出来的外显行为。

①James D. Klein,J.Michael Spector,Barbara Grabowski 等.教师能力标准:面对面、在线及混合情境[M].顾小清,译.上海:华东师范大学出版社,2007.

②Lee S. Shulman. Those Who Understand:Knowledge Growth in Teaching[J]. Educational Researcher,1986,15(2):4-14.

综合起来,教师的专业素质包括:①专业知识,包括普通科学文化知识、学科专业知识、教育专业知识;②专业技能,指作为教师应该具备的实践操作能力,如备课的能力、了解学生的能力、教育教学课堂调控能力、言语表达能力、运用计算机的能力等;③专业态度,包括对教育事业的热爱、对学生的情感、对教师集体的态度等。上述关于教师专业素质的构成有两方面值得注意:一方面,各个教育层次的教师、各种类型学校的教师存在共性;另一方面,由于教师所从事的教育有小学、中学、高校等层次的差异,因而其专业素质的具体内容也是存在差异的。

(三)"三段五级"教师专业素养的基本依据

作为教育部6所直属师范大学之一,西南大学自2007年秋季开始招收免费师范生,承担为国家培养优秀教师和未来教育家的重要使命。2008年,学校承担了国家教师教育创新平台建设项目,结合西南地区教师教育实际和自身优势,不断完善师范生培养方案和教师教育创新平台建设方案。结合众多教师发展阶段理论、教师专业发展一体化需求、西南大学师范生培养实际以及教师教育创新实验区项目,学校明确提出了"三段五级"教师专业素养培养模式。

1.教师发展阶段理论

1992年,美国亚利桑那州立大学的学者伯利纳以教师经验为出发点,提出了教师从新手到专家的五阶段发展模型,包括新手、先手、胜任、能手与专家等五个阶段。

新手教师是指实习教师或刚入职的教师。此阶段教师的学习内容是教学原理、学科知识和教学方法等。他们需要尽快熟悉课堂教学的步骤和教学情境,获得相应水平的教学能力。新手教师的教学问题主要在于不能将学科知识与学生的特定属性关联起来,因此,他们的教学活动大多关注自身,比如是不是完成了教学目标、是不是达到了教学要求等,而较少关注所教学生的学习结果及其学习过程。

先手教师是有两年教龄的教师。此发展阶段的教师教学理论知识与教学经验相互作用,已经意识到课堂教学的情境具有共通性,他们会运用一些基本的教学策略和方法来掌控自己的教学行为。先手教师的主要问题是还不能有意识地掌控自己的教学行为或应对课堂中生成的突发教学事件。因此,此水平的教师虽然具备了一定的应对课堂教学事件的知识,但他们的课堂管理与教学行为并不是有意识的行为,而是带有很大的偶然性和从众性。

胜任教师是至少有四五年教龄的教师。处于此发展阶段的教师已明确教学目标和内容,能够区分课堂教学活动中事件的主次。他们对完成教学目标有较强的控制力。胜任教师的主要问题是他们的教学技能仍然达不到迅速、流畅与灵活变通的水平,他们虽然关注自己的教学活动,但不能真正从学生的角度来安排各类教学活动,不能从促使学生获得知识技能的角度发展自己的教学策略。

能手教师是至少有5年教龄的教师。处于此发展阶段的教师能够洞察课堂教学情况和学生的反应水平,能从较多成功和失败的教学活动和教学案例中总结出共性,形成对教学模式的整体把握,对学生的学习反应有所预测。能手教师在面对新的教学任务或新的学生时,能迅速根据课堂教学进程及学生的反应,及时调整自己的教学计划,使自己的教学活动有效迁移。

专家教师是至少有10年教龄的教师。处于此发展阶段的教师在处理课堂教学突发事件时,通常依靠直觉的方式来做出正确反应,从而完成教学任务。专家教师会针对各种复杂的教学情境,采取富有个性而有效的处理方式,他们的课堂行为成为一种自然而然的反射行为。

教师发展阶段理论为教师"三段五级"进阶发展模型提供了理论依据,即教师的专业发展是教师个体不断接受教育教学专业新知识,获取新技能,培育新能力的过程。教师教育应根据教师专业发展5个阶段的不同需要,制订具有针对性、时效性的培训方案。

2.教师发展一体化改革

2002年,教育部在《关于"十五"期间教师教育改革与发展的意见》中指出:"教师教育是在终身教育思想指导下,按照教师专业发展的不同阶段,对教师的职前培养、入职教育和在职培训的统称。"教师教育一体化课程结构的构建,必须以《国家中长期教育改革与发展规划纲要(2010—2020年)》《教育部关于大力推进教师教育课程改革的意见》《教师教育课程标准(试行)》和教师专业标准为依据,遵循教师教育的基本规律,根据教师专业发展的阶段需要,对教师职前培养、入职教育和职后培训进行精准的定位,构建横向统整合纵向一体的课程结构。"三段五级"的教师发展模式满足了教师专业一体化的现实需求。

西南大学于2014年组建了"师元班",力图打造新一代高素质的未来教育家队伍。西南大学不仅为师元班单独定制教学计划和培养方案,还为其配备了双导师,优秀毕业生可免试硕博连读。西南大学出台了《西南大学卓越教师计划创新师元实验班管理实施办法》《西南大学卓越教师计划创新师元实验班学业导师选聘与管理办法》《西南大学卓越教师计划创新师元实验班实践导师选聘与管理办法》等系列文件,大胆开展师元班课程培养体系改革。该班学生仍然需要加强卓越教师实践能力培养,到一线知名学校进行游学实践,接触一线名师和真实一线课堂,亲身参与课堂教学及研讨活动等。同时,作为实验班,应该在培养模式上探索总结经验,为其他师范生教学实践能力培养提供借鉴与参考。师元班为职前教师培养奠定了良好基础,在此基础上与教师教育创新实验区建设进行对接,建立职前、入职、职后一体化的教师教育体系,形成"三段五级"教师教育模式。

(四)"三段五级"教师专业素养的基本框架

教师专业发展包括横向和纵向两个方面。从横向上看,教师专业发展主要包括4个维度:一是专业理念与师德维度,涵盖对教师职业、对学生、对教育教学的理解和行为，以及个人修养、品德等方面；二是专业知识与理解维度，涵盖学科知识、教育教学知识、通识性知识、学生知识等方面；三是专业能力与实践维度，包括教学设计、组织实施、监控评价、反思总结等方面；四是专业发展与学校发展维度，包括教师专业发展、校内及区域合作、参与学校发展等维度。从纵向上看，教师专业发展主要包括三个阶段五级水平。所谓三个阶段，指的是职前、入职和职后三个阶段。所谓五级水平，指的是证书教师、初任教师、熟练教师、优秀教师和专家教师五个等级水平。

1.证书教师

证书教师指大学毕业并获得教师资格证书的教师。该阶段反映的是师范生毕业时应达到的水平，主要是指师范毕业生要具备的作为一个教师的基本信念与品质、基本专业知识、专业技能。

2.初任教师

新教师入职以后，对教育教学程序、课程教材等基本熟悉，能将职前阶段所学进行一定的转化，积累初步的教育教学经验，形成基本的技能与规范。这个阶段的教师即为初任教师。

3.熟练教师

教师经过一段时间的教学实践后，教育教学技能熟练，专业知识掌握较为系统，积累了丰富的教学经验，教学内容具有一定深度，对学生比较了解。此阶段的教师为熟练教师。

4.优秀教师

优秀教师的教育教学经验非常丰富，他们具有一定的教学特色，形成了自己的教学风格，对教育教学的某些问题初步形成了自己的看法，但不够系统，具有一定的教育研究能力，在学校内能够起到示范引领作用。

5.专家教师

专家教师的教育教学经验非常丰富,教学水平高超,他们具有较强的教学监控、反思能力和教育科研能力,能在不断的教育教学实践和研究中形成较为系统的教育观点、理论和思想,成为区域的示范引领者。

二、职前阶段教师的专业发展

职前阶段是入职阶段与职后阶段的基础,也是实现教师后续专业发展的奠基期。职前阶段的师范生培养不仅能够为教师个体提供专业支持,也能带动学校的进一步发展,因此,职前阶段的教师专业发展是至关重要的。

(一)专业道德与体认力

教师专业道德是教师专业发展的核心要素,是教师作为专业人员应具备的基本行为准则。教师专业道德是指教师在从事教育教学工作时应遵循的、蕴含教师专业特点的道德认知和行为规范的总和,是教师专业化发展的内在要求和重要体现。在对职前教师进行专业道德教育时,应该充分利用相关课程,有针对性地开展专业道德教育活动。具体而言,可以从学校选拔德高望重且教育教学经验丰富的教师进行专业道德课程的讲授,通过专业学习让师范生正确理解教师专业道德的内涵,加强对教师专业道德重要性的认识,内化相关的道德品质。此外,由于人不是机械地接受道德知识的被动客体,而是道德活动的积极创造者和体现者,因此在职前阶段要不断充实道德教育内容,利用相关活动让师范生在自我教学反思的过程中不断把握道德教育内容,以便深刻理解教育活动的专业特性,全面把握对道德的理性认知。师德为先,社会的专业化和精细化发展不仅对教师的教学提出了更高的要求,更对教师的道德做了专业化和精细化的规范,赋予了教师专业道德新的内涵。西南大学重视师范生的专业道德与理想教育,明确双专业培养的教育思想,坚持学科专业与教师专业教育有机结合,使师范生具备良好的知识和技能储备,并强化专业训练,从而提高他们的学习能力、执教能力和教育教学研究能力。

(二)专业知识与理解力

师范专业是一个实践性很强的专业,师范生教学实践能力有着很丰富的内涵。随着信息化与教育教学的深度融合,当前的师范生培养有着更高的要求。高等院校通过各类课程的开设,以及伴随其中的各种研讨、观摩与咨询等活动的开展,帮助师范生了解和初步掌握中小学校、教育、教学、管理、心理咨询等的工作流程与方法,熟悉各项工作的目标、评价体系等。师范生对知识和技能的掌握首先需要教师的系统教授,要想让师范生熟练掌握教学技能,必须有一支专业的师资队伍,通过系统化、专业化的课程体系,对师范生进行教学实践能力、基础知识与技能的系统性教学。

为了对师范生进行系统的知识传授与技能训练,西南大学基于教师教育的终身化、专业化和一体化理念,着力优化理论课程结构,构建了6大课程模块。在原有通识教育课程、学科基础课程、专业发展课程、实践教学环节、自主创新学习5类课程组成的课程体系的基础上,西南大学专门设置教师教育课程模块,构建通识教育课程、学科基础课程、专业发展课程、教师教育课程、实践教学环节、自主创新学习6类课程组成的师范专业课程体系,并规定教师教育课程学分为26学分,教育教学实习学分为16学分。

目前,职前教师的专业知识获得与理解力培养主要是通过教育实习来进行的。但是,高校师范生的教育实习时间较少,理想的实习期至少应当持续一个学期,让实习生经历一个较为完整的学校活动周期以加深其对教育理论的理解,尤其是对教师专业知识的理解与应用。充分利用各种教育实习形式是促进师范生专业知识获得与理解力发展的重要举措,尤其是可以增加师范生担任见习班主任的机会,因为担任过见习班主任的师范生能力往往强于没有担任过见习班主任的师范生,可见,担任见习班主任是提高师范生专业知识掌握程度与理解力的重要途径之一。西南大学于2010年实施了与加拿大温莎大学的师范生国际联合培养项目,连续向温莎大学选派优秀师范生交换学习。师范生在温莎大学学习期间,除了在教育学院学习相关课程外,还到温莎市中小学和教育局实习考察,深入了解国外基础教育的现状,学习其先进经验,积极参加温莎大学和当地教育、文化部门组织的各项活动,增进了国际理解与合作。这些举措不仅促进了师范生的专业知识掌握与理解力发展,还培养了其多元文化能力,拓宽了其国际视野。

(三)专业技能与执行力

职前教师的专业技能与执行力需要通过专业的训练。为了更好地推进师范生教育工作,切实做好教育部"卓越教师计划"示范项目,西南大学除了组建师元班,力图打造新一代高素质的未来教育家队伍外,还加强组织领导,探索改革教师教育的体制机制。一是成立课程与教学论学科建设委员会,指导实施教师教育的学科建设并承担学位分委员会、学术分委员会的职能。课程与学科教学论的高级专业技术岗位由学校单独设置和统一聘任,其科研考核指标单列。二是要求承担教师教育任务的学院健全相关学科教育教研室,学科教育教研室负责制定本专业改革和发展规划及相关课程教材的编写规划,组织实施本专业师范生的教育实习工作,承担相应学科专业研究生的教学与科研等工作。三是强化与基础教育有关的教学科研工作。每年设立10~15项师范专业学科教学论的理论与实践的专项课题,支持相关教师积极从事学科教学论的理论和实践研究。

在课程教学方面,突出培养师范生实践能力的课程。将师范生能力训练体系按模块、课程和项目三级构建,涵盖了基础能力训练、专业能力训练、综合应用能力训练三大模块。其中,基础能力训练模块包含口语能力训练、书写能力训练、音乐基础能力训练、美术基础能力训练4门训练课程;专业能力训练模块包含心理教育能力训练、教育技术应用能力训练、学科教学能力训练3门训练课程;综合应用能力训练模块包含学习能力训练、课堂教学综合能力训练和教育教学实习3门课程。每一门课程又由若干训练项目构成,从而实现循序渐进的能力训练效果。

(四)自我总结与适应力

整体而言,职前教师的自我总结比较关注教师自身在职业中的状况,以及职前培养时所习得的一些陈述性知识和程序性的验证。这主要与职前教师的知识结构和教学实践有关。职前教师的知识结构多来源于其职前培养时所学习到的一些间接性知识,包括学科知识、教学法知识、学科教学法知识、心理学知识等。由于职前教师缺乏教学实践的支撑,所以他们对这些知识的掌握和理解往往较为抽象,大多停留在识记的层面,难以运用和迁移。尤其是在面对一些程序性知识的调用上,往往较为刻意,处于前结构的水平,不能全面地了解该类知识的含义和作用。

因此,对于职前教师而言,除了提供相应的实习课程以外,更要关注他们对教育实践的认识与理解,可以开展相应的讨论活动,或是将实习的情况录制成视频,以供讨论,因为互动、反思既是师范生实践能力培养的一个过程,也是师范生的一种重要的学习方法。我们把互动、反思作为培养教师专业素养的一种重要方法,贯穿示范教学、观摩学习、模拟训练、教育实习、反思内化的全过程,要求师范生对开展的实践教学项目以及所见所闻及时撰写反思日志,并开展多种形式的交流、互动、对话,如示范教学和观摩学习的每个项目结束前,要求师范生开展小组成员间以及小组成员与指导教师两个层面的交流、讨论,并在此基础上进行反思;模拟训练和教育实习期间,要求师范生每天坚持开展实习小组内以及小组成员与指导教师两个层面的交流、讨论、感悟,并在此基础上进行反思。上述各环节中,均应要求师范生对每天看到、听到、感受到的与教育有关的人和事以及现象进行反思,写出反思日志,反思要做到及时、全程、深刻。反思的重点是示范课、教师授课、典型案例、自己学习备课或授课、学生、各类教育现象等,以此引导师范生及时深度反思业已进行的实践,理性提炼业已取得的经验。

三、入职阶段教师的专业发展

新教师的入职教育是衔接职前教师培养和职后教师培训的重要阶段,也是实现教师教育职前职后一体化的关键性阶段。由于新教师的入职教育在其从职前教师教育阶段过渡到真实的教师职场生活的过程中作用较大,因此,新教师的入职教育也被形象地比喻成"桥梁",即衔接职前教师教育与职后教师培训这两个相互独立的阶段的桥梁,也是把新教师从一侧顺利地送达另一侧的桥梁。

(一)专业道德与体认力

教师专业发展的终身性决定了其专业道德发展的长久性,专业道德的建设应贯穿于教师专业成长的始终。我国教师专业发展的途径和方式是多样的。在职前阶段进行道德课程讲授后,入职阶段的教师专业道德建设应加强针对性,针对各个阶段的特点和问题分类展开。因此,在入职教师的教育中,应结合教师的教学实践开展案例教学,引导教师依据专业师德的要求思考和分析现实问题,从而杜绝不符合专业道德的教学言行。此外,还要注意职前和职后的衔接教育,使专业道德教育真正落到实处。教师如果对专业道德没有正确的认知,专业师德的形成也就变成了无源之水、无本之木。因此,在入职教师专业道德的建设中,要加强教师专业道德教育工作,保证教师能认清道德问题的本质。

(二)专业知识与理解力

教师专业发展是适应信息时代的要求,提高教师教育水平、优化教学质量、培养高素质人才的重要保证。教师专业发展理论通常将教师的专业知识分为本体性知识、条件性知识和实践性知识3类。本体性知识是指教师所特有的学科知识,是教师开展教学的基础;条件性知识是教师具有的教育学和心理学相关知识,是教师成功教学的重要保障,具体包括学生身心发展知识、教与学的知识、对学生进行评价的知识;实践性知识是教师在面临实现有目的的行为时所具有的课堂情境以及与之相关的知识,是依存于情境的经验性知识,是教师教学经验的积累,包括信息化课堂中教师借助信息技术开展教学活动的方法和技能。教师的本体性知识是教学活动的实体部分,条件性知识对本体性知识的传授起理论支撑作用,实践性知识对本体性知识的传授起实践指导作用。因此,对于新入职的教师,应着重加强这3方面知识与技能的训练。

(三)专业技能与执行力

教师教育机构应明确实习指导教师的职责,并采取多种措施加强实习指导教师的实习指导能力建设,如师范院校的青年教师按期进入中小学、幼儿园进行实岗挂职,挂职期间同时进行教育实习指导;聘请优秀退休教师担任师范生实习带教教师;聘请区县教研员组成专家指导委员会,参与教育实习指导工作和课堂教学。实习学校及其指导教师在教育实践课程中起着至关重要的作用,实习学校的质量和指导教师的能力水平直接影响实习生实习的质量。教师教育机构应做好实习学校的选择工作,在选择余地有限的情况下,更应参与实习基地的建设工作中,充分利用自身的教育资源与优势,为实习学校提供必要的支持。同时,师范院校应克服短期行为,与实习学校开展长期互惠合作,帮助实习学校提高教育教学质量,以良好的信誉和教育教学效果获得实习学校的信任,从而把实习基地稳定下来。

(四)自我反思与胜任力

反思和评价对于新入职教师提高自身教育教学能力、促进自身的专业发展有很大的促进作用,更重要的是,反思把教师从常规的压抑性教学中释放出来,从而优化教学过程,提高教学效果。新入职教师可以采用以下方法进行反思与评价:第一,行动研究法,是指新入职教师与专家学者或小组成员共同合作来解决实际问题。第二,个案研究法,是以故事叙述的方式来描述教师与学生的行动、思维与感受的一种教学实践。第三,反思日记法,是指新入职教师利用写教学日记的方法来反思自己的教学,这是一种最常用、最有效的反思方式,其内容包括在教学活动中的所思、所感、所知、所做。第四,微格教学法。起初它是用于训练师范生及在职教师课堂教学技能的一种方法,现也用于入职阶段教师对教育教学经验的反思和总结。微格教学实施及反馈评议的步骤为:组成微型课堂、教师开展教学活动、准确记录、课后播放录像、新入职教师自我分析、讨论评价。第五,档案袋评价法。档案袋中的内容包括:教学目标、教学计划、练习及测验题目、学生作业情况、评定学生学业成绩的准则、课堂环境氛围及生活照片、与家长及学生沟通的内容及信笺、自我评价内容等。

四、职后阶段教师的专业发展

职后阶段的教师主要是熟练教师、优秀教师和专家教师，这一阶段的教师在进行教师专业发展时更注重质量的提升。

（一）专业道德与体认力

职后教师的专业道德与体认力发展，相较于入职教师接受课程培训的形式而言，更应该注重实际化，建立完善的教师专业道德评价机制。教师专业道德评价是加强教师专业道德教育和修养的重要形式，因此，建构合理的教师专业道德评价机制对教师专业道德的形成和发展十分必要。首先，在实际的教育教学过程中，可以建立一套完善的专业道德评价体系，包括客观的评价标准，使教师的专业道德行为有理可依、有章可循。其次，通过评价信息的反馈，教师可以对自身的师德修养有更深的了解，以便随时调整自己的工作目标和进程，从而提高专业道德水平。此外，在专业道德评价领域建立道德回报机制也是必要的。所谓教师的道德回报，是组织或个人在评价教师行为动机和效果好坏的基础上，对教师进行物质、精神的奖励或惩罚。它是以利益为纽带，对教师行为的善恶或道德品质的高低进行评价和调节的活动。我们既要给予遵守和发扬专业德行的教师一定的物质或精神奖励，又要对失德教师进行处罚，以制度和行为化的方式保障教师专业道德行为的合理性和合法性，从而激发更多的教师在专业活动中依"道"行事。

(二)专业知识与理解力

教师的专业知识是形成教师专业交往意识的重要前提条件。对于职后教师而言,其专业发展的最好途径就是同行交互学习、名师工作室、远程培训以及集中研修。

同行交互学习的发生源于教师的合作意识和共享意识的培养。合作意识的培养在于引导教师对专业合作中积极意义的体验,体验合作交往的真正价值。共享意识的培养在于教师对共享相关知识的学习,正确对自己的专业发展进行管理并认识到深度共享对自己和他人的真正价值,建立教师学习共同体。

名师工作室是教师学习共同体的一种形式。这一形式的设计初衷并不仅仅是选拔出各种级别的名师,更应是一种有效的教师培训机制,它具有专家牵头、资源共享、团队合作、权责清晰等优势。在教学实践和研究中,通过同伴互助、专家引领、自我反思,可以有效促进名师工作室成员的专业成长,从而带动周边群体教师素养的提高,起到专业引领和辐射的作用。

在知识经济迅速发展的信息时代,教育教学理论和作为基础科学的数学学科知识日新月异地发展,计算机、网络媒体和其他教育技术工具越来越广泛地应用于教育教学和培训学习过程中,教师培训也必须运用现代发达的网络技术,使用媒体技术工具和资源。基于网络的教师培训,可以让教师分享各自不同的知识和教学经验,进行案例分析,在已有的有效教学经验的基础上主动学习,对自己的知识、经验进行梳理,建构新的专业知识框架,形成自己的教学风格,使隐性的教学经验升华为显性的教育理论。

集中研修式教师培训,运用教师专业发展阶段理论,为处于不同发展阶段的参训小学数学教师制定不同的培训内容,按初任教师(相当于新手水平)、市级骨干教师(相当于高级新手水平)、省级骨干教师(相当于胜任水平)、市级名师(相当于熟练水平)、省级名师(相当于专家水平)5个培训层次进行教师培训。结合教师职后培训5年一个循环的培训周期特点,将入职

3年以内的青年教师作为初任教师(相当于新手水平),对其进行小学数学教学常规的培训,让他们尽快熟悉教材,积累教学经验,提高教学技能;对于具有3~5年教龄的青年教师(相当于高级新手水平),引导其对常见小学数学教育现象进行反思,鼓励其参加市级骨干教师培训,提高其理论素养;对于具有5~10年教龄的青年教师(相当于胜任水平),引导其从学生角度来安排各类教学事件以促使学生获得知识技能,鼓励其参加省级骨干教师培训,发展学习策略;具有10年以上教龄的中老年教师(相当于熟练水平),应更新教学理念,总结成功的教学事件和教学案例,参加市级名师培训,发展初步的教育教学和科研能力;在省市级骨干教师和市级名师的基础上,选拔其中的优秀教师(相当于专家水平),提升他们的教育教学和科研能力,鼓励其参加省级名师、研究型教师培训,形成独特的教学风格。

(三)专业技能与执行力

这一阶段的教师已经掌握了各类教学技能的协调综合运用,能够主动地规划自己的专业发展,能够在教学实践中发现问题,并利用自己的教学经验和技能探索性地解决问题。这一时期的教师在专业技能的发展方面已经进入探索和创新阶段,能将自己的教学经验和在教学实践中的积累所得,以论文或著作的形式记录下来,形成自己的研究成果。成熟期教师在专业技能上的训练要点就是引导其逐步形成具有自身特点的个性化教学风格。这时教师的技能已经达到相应的较高层次,其技能训练的关注点不再停留在技能的运用和熟练上,而应注重技能技巧特色化的形成和强化,需要经过不断摸索和反复实践,将各种教育教学观念、教学技能与自身人格特点相融合,形成自身固定的独特教学风格。同时,这一阶段教师的技能训练应避免进入技能发展的"高原期"。有些教师技能发展到一定的水平,会出现停滞现象。对于这部分教师,应该从思想观念上进行引导,促使其专业技能的培养转向成熟化、风格化的目标上来。

传统来看,职后教师专业技能训练的策略主要有:开展说课训练、进行教学技能模块训练、建立和完善新课程下的教师专业技能评价体系等。综合来看,校本教研是促进教师专业成长和发展最直接、最快捷、最有效的途径。校本教研能有效地促进教师专业技能的提高,让教师在合作中提升专业素养、在反思中提高专业水平、在理论和实践相结合中规范专业技能、在教学与科研的相互促进中实现技能创新。

(四)自我提升与研究力

教育研究力主要指教师提出教育问题、思考教育问题和研究教育问题的能力,是骨干教师由经验型向专家型转化必备的基本能力。实践中,教育研究力不足已成为骨干教师专业素养提升、实现向专家教师转化的主要制约因素。一体化教师教育的根本作用在于促进教师的持续发展、终身成长,一体化教师教育创新实验区的体制机制和资源等,极大提升了职后教师的专业水平。

例如,一体化教师教育创新实验区名校长和名教师培养对象高端研修项目,经过严格选拔,筛选出20名校长与30名教师组成优秀的研修团队。项目组改变传统工具理性、外铄式的教师培养与发展方式,尝试构建交往理性、对话式的长期培养与专业发展模式。将校长和教师视为具有自主意识、专业自主能力和个体实践知识的主体,以提高教师专业发展的主动性为先导任务,以引导、促成教师主动、自主地终身学习为最终目标。项目实施"双导师"制,从西南大学、一线中小学聘请相关专家作为理论导师和实践导师,明确规定了导师的职责和工作方式。先后邀请北京师范大学、华东师范大学、中国教育科学研究院等单位和机构的知名学者、专家及西南大学教授为学员开设讲座、进行研修指导,并得到北京师范大学附属中学、中国人民大学附属中学、深圳中学、浙江省中小学教师与行政干部培训中心等中小学和基础教育教师研修机构的校长、学者专家、一线教研员、特级教师的精心指导。通过3年集中培训、实践体验、行动研究、跟岗研修、异地研修等不同形式的持续学习,名校长和名师培养对象制定完善了个人专业发展规划。在发展问题诊断、导师学员互动的基础上,由学员制订个体化的专业发展规划,由学员的理论导师和实践导师一对一辅导修改,对学员的学习和发展方向起到很强的引领作用。通过专家引领,激发了学员的学习动机,使学员形成了正确的学习观念和全新的教育观念,了解了名校长和名师的成长路径与策略。同时,还形成了如下物化成果:55份培训简报,48名学员获得区级以上课题,发表或参加重庆市教育征文比赛获奖论文98篇,主编或参编论著、教材、教学用书等10套,参加各类教学评比活动获奖25项,25人获得各类荣誉称号。名校长和名师培养对象的专业发展水平通过该项目得到了极大提升。

西南大学组建专家团队,整体设计,团队教学,选择重庆市渝中区90名教研员、学校从事校本教研工作的教师开展种子老师培训。项目实施3年期间,通过组建培训师团队,聘请全国知名专家,开发培训教材,建设课程资源平台,开展参与式培训并进行网络研修帮助,使学员形成了"种子老师"的培训者意识,基本具备了本土培训者所需的基本素养,能基于区情、校情进行校本培训的课程设计,并且掌握了开展"团队化参与式"校本培训的方法与技能,具备了设计和具体开展校本培训的基本技能,以此带动了参训单位教师的教育观念和教学能力的更新和提升,真正促进了教师的专业发展。专家团队深入课堂和学员开展双边互动,通过现场观察、集体会诊、专题研讨、精品课打造和教学研究,切实提升骨干教师的教师理论素养和学科教学能力。项目生成的成果有:13份成果简报,20多名学员公开发表论文,部分学员撰写了小学参与式教学案例集和论文集,学员参加各类教学评比活动获奖25项,学员申报或在研32项区、市级课题(其中主持6项),学员撰写的论文发表或参加重庆市教育征文比赛获奖98篇,学员主编或参编论著、教材、教学用书等10套。实验区创建以来,西南大学与实验区合作共建了10所教师教育创新示范学校,并先后组织实施了学校理念建设,"三名"读书教育理论素养提升,"教学客串"教师专业技能培育,教师专业发展自我设计,"三课统整、三教并进"特色教研等5大工程,促进了教师专业成长,提升了教师教育教学水平。

五、教师专业发展的基本保障

　　教师教育是保障教育公平、提高教育质量的基础性工程。[①]2001年,《国务院关于基础教育改革与发展的决定》中首次以政策文本的形式提出了"教师教育"的概念,要求完善教师教育体系,深化人事制度改革,大力加强中小学教师队伍建设,促进教师教育一体化的发展。所谓教师教育一体化,是指以终身教育思想为指导,根据教师职业生涯的阶段性特点,对教师的职前、入职和职后培训进行统一规划,并使之相互贯通而建立起来的连续性教师教育体制。这一过程中,需要建立起职责清晰、运行有效的教师教育管理体制,也就是对教师教育的机构设置、领导隶属关系和管理权限划分等方面的体系、制度、方法和形式加以系统化和规范化,具体包括教师教育的管理主体、管理客体、管理方式与支持系统等方面。教师专业素养不是靠短期的技能强化训练可以形成的,而是一个持续的、动态的养成过程。为保障"三段五级"教师专业素养实践体系顺利实施,还需要建立起立体化的保障系统。

(一)教师专业发展的政策保障

　　我国教育的发展离不开政府的政策引领与支持,国家层面有关教师教育一体化的政策支持主要体现在职前教师培养和职后教师专业发展上,教师信息技术能力和教师资格证书等政策也发挥了重要作用。

1.完善职前教师培养制度

(1)师范生公费教育政策

　　2007年,《教育部直属师范大学师范生免费教育实施办法(试行)》中提

[①]朱旭东.论当前我国教师教育存在的十大问题及其解决途径[J].当代教师教育,2012(3):5-14,21.

出,要在教育部直属的6所师范大学实行师范生免费教育。这给很多学生提供了免费接受教育的机会。免费师范生入学前要与学校和生源所在地省级教育行政部门签订协议,承诺毕业后从事中小学教育10年以上。到城镇学校工作的免费师范毕业生,应先到农村义务教育学校任教服务2年。国家鼓励免费师范毕业生长期从教、终身从教。这一优惠政策为基础教育培养了大量本科师资。2012年,国务院办公厅转发了教育部、财政部、人力资源社会保障部、中央编办制定的《关于完善和推进师范生免费教育的意见》,对科学制定免费师范生招生计划、健全免费师范生录取和退出机制、完善师范生免费教育经费保障机制提出系列指导性意见。

(2)卓越教师培养计划

2014年发布的《教育部关于实施卓越教师培养计划的意见》中要求成立"卓越教师培养计划"专家委员会,加强政策保障,培养一大批师德高尚、专业基础扎实、教育教学能力和自我发展能力突出的高素质专业化的中小学教师,整合教师教育队伍,鼓励高校和中小学的教师互聘,开设模块化、选择性和实践性的教师教育课程。2014年12月,经过高等学校申报、省级教育行政部门推荐、专家会议遴选,教育部共确定了80个卓越教师培养计划改革项目。

(3)教师教育课程标准

2011年,教育部颁布了《教育部关于大力推进教师教育课程改革的意见》和《教师教育课程标准(试行)》。《教师教育课程标准(试行)》以"育人为本、实践取向、终身学习"为理念,从教育信念与责任、教育知识与能力、教育实践与体验三个维度规范教师培养过程。2012年,教育部在广泛征求社会意见和建议的基础上,颁布了《幼儿园教师专业标准(试行)》《小学教师专业标准(试行)》和《中学教师专业标准(试行)》,提出将"学生为本、师德为先、能力为重、终身学习"四个基本理念作为教师在专业实践和专业发展中应当秉持的价值导向。这一系列政策的出台,标志着我国职前师范生培养进入专业化和标准化时代,充分体现出科学性、专业性和制度性的特征。

2.支持职后教师专业发展

(1)中小学教师职后发展政策

为落实科教兴国战略,1999年颁布的《面向21世纪教育振兴行动计划》中提出,实施"跨世纪园丁工程"。以此为契机,全国范围内启动了"中小学教师继续教育工程",旨在5年内对1000万中小学教师基本轮训一遍,提高教师队伍整体素质。同年,教育部颁布《中小学教师继续教育规定》,针对不同教师群体制定了相应的培训计划。2004年,教育部颁布《2003—2007年教育振兴行动计划》,提出以"新理念、新课程、新技术和师德培训"为主要内容的中小学教师培训新要求。

2010年颁布的《国家中长期教育改革和发展规划纲要(2010—2020年)》中提出,要"提高教师业务水平。完善培养培训体系,做好培养培训规划,优化队伍结构,提高教师专业水平和教学能力"。与此同时,教育部、财政部启动实施了"中小学教师国家级培训计划"(简称"国培计划"),着力提高中西部农村地区教师队伍整体素质。2011年,教育部颁布《关于大力加强中小学教师培训工作的意见》,提出创新培训模式、优化培训内容等要求。2012年,教育部、国家发展改革委、财政部联合出台《关于深化教师教育改革的意见》,提出要完善教师培养培训制度,继续实施教师教育创新平台计划,加大教师教育财政支持力度,中小学(幼儿园、中等职业学校)按照年度公用经费预算总额的5%安排教师培训经费。这些政策对推进中小学教师职后发展发挥了重要作用。2016年12月,教育部颁布《关于大力推行中小学教师培训学分管理的指导意见》,提出以大力推行教师培训学分管理为抓手,着力构建培训学分标准体系等意见。

(2)公费师范生的专业发展政策

为支持公费师范生的专业发展,教育部印发了《教育部直属师范大学免费师范毕业生在职攻读教育硕士专业学位实施办法(暂行)》,规定免费师范毕业生到中小学任教满一学期后,均可申请免试在职攻读教育硕士专业学位,经任教学校考核合格,部属师范大学根据工作考核结果、本科学习成绩和综合表现考核录取。

（3）乡村教师队伍建设政策

2012年颁布的《国务院关于加强教师队伍建设的意见》,明确了加强教师队伍建设的指导思想、总体目标和重点任务。2015年,国务院办公厅印发《乡村教师支持计划（2015—2020年）》,提出要造就一支素质优良、甘于奉献、扎根乡村的教师队伍,逐步形成教师能够"下得去、留得住、教得好"的良好局面。2016年,重庆市启动了乡村教师发展创新实验区建设项目,在全市范围内遴选4个区县进行乡村教师发展创新实验,市级层面给予培训项目专家智力和政策的优先支持,引导实验区县从乡村教师的培训体系、培训模式、发展机制和专业化发展4个方面进行试点。

3.强化教师信息技术能力培养

随着信息化水平的不断提高,教育信息技术对教师提出了更高的要求。为了提高我国中小学教师教育基础能力水平,促进教师专业能力的发展,2004年12月,教育部颁布了《中小学教师教育技术能力标准（试行）》,从4个维度规定了中小学教师教育技术能力标准,这4个维度分别是意识与态度、知识与技能、应用与创新、社会责任。这是教育部提出的我国中小学教师的第一个专业能力标准,在教师教育领域具有里程碑的意义。2013年10月,教育部启动实施全国中小学教师信息技术应用能力提升工程,提出到2017年底完成全国1000多万中小学（含幼儿园）教师新一轮信息技术应用能力提升培训。2014年5月,教育部办公厅印发了《中小学教师信息技术应用能力标准（试行）》,全面提升中小学教师信息技术应用能力,促进信息技术与教育教学深度融合。上述政策对全面提升教师信息技术应用能力、培养符合信息化时代要求的合格教师发挥了重要作用。

4.实行教师资格定期注册制度

2013年8月,教育部印发了《中小学教师资格考试暂行办法》和《中小学教师资格定期注册暂行办法》。《中小学教师资格考试暂行办法》规定,教师资格考试由教育部考试中心依据考试标准拟定考试大纲,组织命制笔试和面试试题。改革后的统考增设综合素质、学科教学能力的考查,突出对考生教育教学实践能力、运用所学知识分析和解决教育教学实际问题的能力的考查。《中小学教师资格定期注册暂行办法》规定,教师资格不再实行终身制,而应定期注册。中小学教师资格每5年注册一次,注册条件以师德表现、年度考核和培训等情况为主要依据。这一政策的出台,为职前教师培养与职后教师发展的一体化提供了政策动力。

(二)教师专业发展的组织保障

教育组织机构是教师教育一体化的重要载体,对于教师教育一体化进程有着重要的影响。自教师教育开放化以来,教师教育一体化的主体呈现出多样化趋势,其中,高等院校、地方政府、科研机构和中小学是教师教育一体化运行中最为重要的四个机构,各机构定位清晰、权责明确,有效保证了教师教育一体化的发展。

1.高等院校的角色与职责

高等院校作为教师培养的主阵地,一直在我国的教师教育体系中占据着首要的地位。20世纪90年代以前,我国培养教师的机构主要是中等师范学校和高等师范院校。随着基础教育的快速发展,师资需求不断增加,师范教育已经不能完全适应教师队伍发展的要求。相较于师范教育而言,教师教育在内涵和内容上都得到了发展。师范教育主要指的是职前教师的培养,而教师教育则包括职前教师的培养和入职教师的教育以及职后教师的培训,强调的是教师的专业化发展,体现了终身教育的理念。作为教师培养和培训的主阵地,高等院校肩负着神圣的历史使命。高等院校在教师教育一体化中的主要职责有以下几个方面。

(1)承担职前教师的培养工作,为其奠定专业理论基础

师范院校一直以来都是培养职前教师的主体,重视奠定师范生的专业理论基础。教师教育开放化后,承担师范生培养任务的不仅仅有师范院校,还有综合大学,培养主体的多元化大规模地扩大了职前教师的队伍。我国高校师范生的培养模式主要有免费师范生和非免费师范生两种。2007年,《教育部直属师范大学师范生免费教育实施办法(试行)》中规定,在北京师范大学、华东师范大学、东北师范大学、华中师范大学、陕西师范大学和西南大学六所部属师范大学实行师范生免费教育。目前,这6所师范院校已培养了大量优秀的免费师范生进入农村中小学和基层单位就职,充实了我国农村的教师队伍,提高了基础教育的质量。

我国师范生的培养模式一般是4年全日制,其中前3年主要学习通识课程和专业理论知识,接受正规的科班训练。最后一年是见习和实习阶段,师范生需要在这一年时间里到中小学(幼儿园)进行教育实践,其实习成绩由实习学校的指导老师和学校导师共同给出。完成所有学分的师范生可以获得毕业证、学位证和教师资格证。2015年以后,教师资格证实行全国统考,师范生在毕业之际需要自行考取教师资格证,只有考取相应的教师资格证,才能具备任教的资格。师范生的具体培养方案和课程要求,每所高校根据地方基础教育的实际情况进行整体设计和规划。

(2)承担入职和在职教师的培训工作,促进教师专业发展

随着我国基础教育质量的不断提高,尤其是在"互联网+"的教育信息化时代,教师的专业发展成为教育事业发展的重要基础。自1965年保罗·朗格朗提出终身教育的思想后,全世界都掀起了教师专业化的浪潮。高等院校是对入职教师和职后教师进行培训的主体,通过制定和实施具体的培训方案来规划和设计课堂,把理论与实践相结合,促进教师教育体系的系统化发展。一直以来,我国的师范类高校在中小学教师接受继续教育的过程中承担着主体角色,无论是提高在职教师学历水平的学历补偿教育,还是促进教师专业发展的教师职后培训,师范院校在长期的教师教育中积累了丰富的经验,形

成了具有地方特色的教师教育培训体系。

（3）提供智力支持，提高资源利用率

高等院校作为职前教师培养、入职和职后教师培训的基地，能够为中小学教师提供包括师资队伍、课程资源、仪器设备、场馆场地、图书资料在内的丰富的教育资源和良好的人文环境，在高校教师和中小学教师之间搭建一个相互交流和学习的平台。一方面，高校人力资源丰富。高校教师长期从事教育科学研究工作，科研能力比较强，而广大一线中小学教师在平常的教学工作中，重视实践，教育理论功底和科研能力有所欠缺，中小学教师可以在高校教师的指导和帮助下提高科研素养和科研能力。另一方面，高校课程资源丰富。高校在师范生培养方面，提供了丰富的专业课程和通识类课程，师范生不仅可以学习和掌握教育理论知识，坚定从教信念，还可以选修其他通识类课程，扩大眼界，增长知识。而且，在职中小学教师在接受培训和工作期间，可以充分使用高校的教学资源，比如图书馆、资料室、多媒体等，这些资源为教师提高专业水平提供了很好的条件。

2.地方政府的角色与职责

在教师教育一体化进程中，地方政府的主要职能是宏观调控和统筹协调。一方面，地方政府要积极响应中央政府的号召，及时传达中央政府颁布的相关政策法规，做好教师队伍建设的顶层设计；另一方面，地方政府需要协调高等院校、教研机构和基层学校之间的交流与合作，做好监督、指导和协调工作。具体看来，地方政府的职责主要有以下几个方面。

（1）服务地方，做好统筹

教师教育一体化的目的在于统筹规划职前职后教师的培养培训目标和资源分配。地方政府需要积极响应国家号召，落实国家教育方针政策，做好宏观调控，建立健全公共教育服务体系，培养高素质基础教育教师队伍，服务区域经济协调发展。

以重庆市为例，2013年，重庆市正式启动教师教育改革创新实验区建设项目,构建高等院校、地方政府和中小学合作培养培训教师的新机制,制定下发了《启动实施重庆市教师教育改革创新实验区发展计划》。重庆市渝中区和西南大学、重庆市江北区和北京师范大学、重庆市綦江区和重庆第二师范学院两两结对共建教师教育创新实验区,探索构建职前培养、入职教育与职后培训一体化的教师教育新体系。2015年,"石柱土家族自治县与西南大学合作共建重庆市教师教育创新实验区"项目纳入重庆市教师队伍建设重点项目立项,该县成为继渝中区、江北区、綦江区之后重庆市教委批准建设的第四个教师教育创新实验区,也是重庆市三峡库区、少数民族贫困地区唯一在建的市级教师教育创新实验区,其政策初衷即统筹教师教育资源,促进区域教育均衡发展。

(2)政策支持,整合资源

教师教育一体化是一个长期的、复杂的动态过程,需要政府予以政策上的支持和引领。教师是人类灵魂的摆渡者,肩负着教书育人的光荣使命,教师的发展需要有相应的政策法规予以保障,以提高教师的地位和待遇,整合教师教育资源,实现利益最大化。

以重庆市为例,2014年6月,重庆市人民政府针对农村地区优秀师资不足、结构不优等问题,专门出台了《关于加强农村教师队伍建设的意见》,指导推进农村教师队伍建设。

(3)提供资金,做好保障

教育资金是教育工作正常进行的"血液",没有足够的资金投入,教师教育一体化难以进行。政府作为教育体系中的主导者,承担着教师教育发展所需的主要经费。2007年,教育部提出的师范生免费教育的政策为我国农村地区和落后地区培养了大量的教师。2010年,教育部和财政部又直接针对农村中小学的入职和在职教师的专业发展提出并组织实施了"国培计划",具体包括"中小学教师示范性培训项目""中西部农村骨干教师培训项目"和"幼儿园教师国家级培训计划"三项内容,用以提高基层学校教师的质量。目前,我国除了有"国培计划",还有"省培计划""市培计划"等,这些计划由国家和地方来承担主要的教育经费支出。

以重庆市为例,2010年到2014年间,重庆市共投入"国培计划"专项经费2.5亿元,培训中小学教师近14万人次;投入"市培计划"专项经费3.8亿元,培训中小学教师20万人次。[①]2016年,重庆市"国培计划"培训36620人,其中"中西部项目"培训26095人,"幼师国培"培训10525人;"市培计划"培训11000人,重点推进名师名家队伍建设、培训者队伍建设、片区整体发展及紧缺学科教师培训,确保每位教师5年内通过国培、市培、区县及校本培训实现递进式360学时的培训目标。

(4)督导审核,保证质量

政府宏观调控教师教育的发展需求,在保证教师教育培养和培训质量的基础上控制数量。针对职前教师的培养和入职教师以及职后教师的培训,国家制定和颁布了相应的教师教育一体化的专业标准,从根本上提高教师教育的质量。政府部门也会定期对教师教育培养和培训机构进行监督与管理,做好指导工作,及时提出意见和建议,保证教师教育一体化的顺利实施。

(5)积极宣传,扩大影响力

政府作为具有权威性的国家机构,所发布的信息具有代表性和权威性。政府在教师教育一体化过程中,进一步完善教师教育一体化监测评估体系,定期发布评估检测报告,做好公共信息服务工作,为教育科学研究提供资料,提高社会影响力。

3.教研机构的角色与职责

随着教师教育一体化的不断发展,教研机构的作用越来越重要。教研是一项极具中国特色的教育教学治理体制。"教"特指中小学开展的各学科基础教育;"研"不仅指理论研究,还包括通过专业指导与素养提升服务等方式实现的教育理论向教学成果转化的实践。[②]我国的教研机构是新中国成立初期

---

① 陈燕.我市大力推进教师队伍建设[N].重庆日报,2014-09-09.
② 张岩.试论教研工作的内涵及其省本功能定位[J].吉林省教育学院学报,2016(7):26-28.

为提高教育质量而建设的,主要履行教研、指导和管理的职能(包括编写教材、教辅用书等),主要对中小学教师进行教学基本功的训练,对学科的教学质量进行调研、分析和监测。地方教研机构按级别可分为省、市、县三级,隶属于地方教育行政部门,主要从事教育教学研究,承担如下职责。

(1)引领区域教育发展

教研机构作为地方专门从事教育研究的机构,承担着教育教学的研究任务,既是教育教学的指导者、引领者,又是教育教学管理的参谋者。从某种程度上说,教研机构的建设和职能发挥,是区域教育教学科学发展的基础。教研机构分为教研组和教学组,既有专职教研员,也有兼职教研员,都是中小学的骨干教师和优秀的一线教师。教研员平时积极参加教学活动,提高教学水平,在教学过程中时刻贯彻先进的教育理念。教研员还通过参加"送教下乡"活动,宣传先进的教育理念。同时,教研机构还成立教育学会网络教研分会和网络教研平台,创新教研制度,通过不断改革创新,实现有效的专业引领,传播先进的教育理念。

教研机构承担着促进区域发展的重任,积极倡导教育改革,指导和引领区域教育的发展,选择发展比较好的中小学作为示范区或者试点,通过确定学校未来的发展方向、帮助制订学校发展规划、协助开发校本课程来传播先进的教育理念。同时,教研机构还鼓励邻近的兄弟院校组成联合体,学校之间定期召开教学研讨会,进行学术交流。对于试点成功的中小学,及时总结成功经验,通过专业性的宣传和指导,鼓励更多的学校参与到教育改革中,扩大教育改革的辐射范围。为了提高教师的教学水平和科研能力,教研机构通过制定相关的教育改革文件传播教育改革的相关信息,鼓励中小学积极开展校本研修活动,建立校本教研基地和组织,积极开展教学理论与教学实践的研究,引领校本课程的开发,通过进行相关的课题研究来制定相应的教育规划,普及科学的教育理论,从专业的角度对教育改革予以解释,让更多的人从思想上认可教育改革,并积极参与其中,最大程度地减小改革的阻力。

（2）促进教师专业发展

教师专业化是教师教育一体化进程中一个重要的发展趋势，教研机构是教师专业发展的一个重要平台，有助于提高教师的培养和培训质量。

第一，提高教师的学历水平和教学水平。新中国成立初期，大量中小学的成立刺激了教师需求量的增加，教师进修学校就承担着补偿教师学历的任务。当前，我国中小学高层次、高水平、高学历的教师数量仍然很少。随着终身教育理论和教师专业发展理论的不断发展，教师专业化日益成为教师追求的一个永恒目标。教研机构作为专门从事教育科研的专业性和业务性机构，对于提高教师的学历水平有着义不容辞的责任。一方面，教研机构通过制订培训计划，定期对基层学校的学科带头人和骨干教师进行培训。基层学校的教师通过修习培训学分，获得相应的学历证书，提高整体素质与教学水平。另一方面，教研员既是教研机构的工作人员，又是基层学校的教学人员，具有扎实的教育理论基础和丰富的教学经验。教师通过和教研员进行定期的研讨和交流，了解最新的教育政策和教育改革动态，及时更新教育观念，夯实教育理论基础，提高教学水平，促进专业发展。

第二，提高教师的教科研能力。教师专业化的发展离不开教科研，一个真正的专家型教师，不仅是教书匠，更重要的是研究者；不仅具有职业性，更具有专业性。教科研能力水平日益成为教师专业化的一个重要体现。一方面，教师需要上好每一节课，针对实际教学过程中的问题进行及时总结和反思，形成独特的教学风格，参与课程开发和教研活动；另一方面，教师可以依赖教研机构丰富的智力资源，在教研机构专家的指导和帮助下积极申报教育课题，在教育课题研究中不断提高科研能力和科研素养。

第三，提供教育资源。教研机构的教育资源非常丰富，可以为教师的专业发展提供良好的环境。

（3）推动教育成果转化

教研机构长期从事教学和研究工作，在区域教育发展中具有引领和指导作用。第一，教研机构能整合高等院校、地方学术团体和行业企业的资源，为教师专业发展提供足够的智力支持和技术保障,建立网络化教研体系,支持和指导基层学校的教育教学工作,推动教育成果的转化。第二,专职教研员和兼职教研员共同组成工作小组,结合教育理论和教学实践,研发教育成果并予以推广,用课题研究带动教学研究。第三,教研机构安排优秀的师资支援农村和贫困地区的薄弱学校,通过送教下乡等形式,把先进的教育理念传递到薄弱地区,鼓励更多的学校参与到课程改革中来,关注教研成果的高效转化,关注教师个体的综合素质和教学能力,促进不同层次教师的发展。第四,教研机构通过举办培训班和讲座,树立典型,鼓励先进,带动后进,积极向教育行政部门和基层学校传播和展示课程改革的新理念、新经验和新成果,提高教学成果的转化率和利用率,提高效益。

(4)监测教育发展质量

《国家中长期教育改革和发展规划纲要(2010—2020年)》中提出了改革教育质量评价和人才评价制度、建立科学的教育质量评价体系的要求。教研机构在教育研究中具有很强的专业性和权威性,承担着对中小学的教育发展质量进行评估的任务。教研机构对中小学的教学质量评估主要有过程性评估和总结性评估两种。过程性评估是在教育教学过程中进行的评估,总结性评估是在教育教学结束之后进行的评估。对基层学校教育质量进行检测,可以有效地规范学校和教师的行为,促进教师的专业发展,提高学校的办学质量。对于教育检测不过关的学校,教研机构可以要求其整改,直至达到要求为止。同时,教研机构也接受来自上级教育行政部门的评估和指导。

(5)提供政策咨询服务

2001年印发的《基础教育课程改革纲要(试行)》和2003年印发的《教育部关于进一步加强和改进基础教育教学研究工作的意见》都强调,教研机构在教育行政部门的领导下,充分发挥教学研究、指导和服务等功能。其中,服务功能是教研机构的重要追求。首先,教研机构作为教学研究机构,研究职能是其最基础的职能,也是指导和服务职能的基础。教研机构在日常工作中,密切地联系地方教育行政部门和基层学校,借助高等院校和社会团体的力量来整合校内外的资源,进行相关的教育理论和教学实践的研究,为学校未来的发展提供明确的方向。其次,教研机构在教育教学中,充分发挥专业引领和专业指导的作用。一方面,教研机构可以为基层学校的课程改革和课题教研提供必要的指导和咨询,建立教育改革试点和实验区,提高学校的办学能力;另一方面,教研机构可以为上级教育行政部门的科学决策、基层学校的课程改革以及教师的专业发展提供咨询服务。教研机构的课题研究成果也可以为教育行政部门的决策提供科学依据。

4.中小学的角色与职责

中小学是我国基础教育的主阵地,为师范生培养提供教育实习的场所和基地,也为高等院校输送接受培训的一线优秀教师和校长。中小学在教师教育一体化进程中的主要职责有以下几点。

(1)提供实习和见习基地

中小学作为基础教育教学的一线阵地,可以给高校师范生提供丰富的见习和实习机会。我国的师范生实习主要有顶岗实习和非顶岗实习两种形式,高等院校通过和中小学之间建立相应的实习制度,确保师范生实习的正常进行。顶岗实习指的是师范生和中小学教师通过角色互换完成教育实习的一种方式。实习期间,师范生深入到中小学一线进行现场教学,有专门的"双师型"教师予以指导。一方面,指导教师需要承担中小学的实际教学工作;另一方面,指导教师对于实习生的教育实习予以指导。中小学教师则需要到高校进行一段时间的进修,学习教育理论知识,提高理论修养。实习生在顶岗实习期间,中小学校需要保障其安全,并提供食宿,每个月给其发放一定金额的津贴。对于非顶岗实习的师范生,由高等院校和中小学制定具体的实习制度,保证实习的正常开展。

(2)提供研究基地

中小学具备实际的教学环境,这是其他机构所不具有的优势。一方面,中小学可以为师范生提供见习和实习基地;另一方面,中小学也可以成为高校教师进行教育研究的调研基地,有助于科研成果来自中小学、用于中小学,解决实际教学中存在的问题。高等院校和中小学都应认识到,高等院校若想培养出色的教师,就必须将模范中小学作为实践的场所;而中小学若想变为模范学校,也必须不断地从高等院校接受新的思想和新的知识。二者应该合作建立一种共生关系,并成为平等的伙伴。①

(3)调配教师参加培训

教师专业发展体现的是终身教育的理念。自2010年启动"国培计划"后,大量中小学和幼儿园教师参与其中,有效提高了中小学和幼儿园教师队伍的整体素质。自2010年到2014年,"国培计划"共培训全国中小学和幼儿园教师730多万人次,其中农村教师占96.4%,完成对640多万中西部农村教师的一轮培训。在特殊教育方面,2010年至2013年间,"示范性项目"共对2800余名特殊教育学校的骨干教师进行了为期10天的集中培训,"中西部项目"则对4000余名特殊教育教师进行了集中培训。②

(4)开展校本研修活动,助推教师专业发展

高等院校、地方政府、教研机构和中小学作为教师培养和培训的机构,在教师教育一体化过程中各司其职,有效地保证了教师教育一体化的顺利进行。国内外为了促进高等院校和中小学之间的交流与合作,纷纷作出了积极探索。20世纪80年代中期,美国的教育学院、中小学和教研机构共同建立了教师专业发展学校(Professional Development School,PDS),共同进行教师教育研究,促进教师专业发展。为了促进教师教育改革,英国政府在1992—1993年度拨出专项经费600万英镑,正式成立教师伙伴学校,加强高等院校与中小学之间的联系,强调职前教师培养和职后教师培训的统一。1993年,英国首批6所教师伙伴学校获准开设培训课程,教师教育一体化趋势开始形成。③

在教师专业发展学校中,主要由专门的教育工作小组开展教师教育工

---

① 教育部师范教育司.教师专业化的理论与实践[M].北京:人民教育出版社,2001:148.
② 纪秀君,张东.用爱点亮"残缺生命"——我国特殊教育教师队伍建设稳步推进[N].中国教育报,2014-06-14.
③ 徐娟.英国教师伙伴学校的发展、特点及启示[J].中国电力教育,2007(5):118—121.

作,小组成员包括教育学院的教师、中小学教师和教研机构的管理人员,强调职前教师和职后教师的专业发展。一方面,中小学教师可以参与到师范生的培养中,参与设计师范生的课程,并给予师范生实习指导;另一方面,教育学院的教师对中小学教师予以教育理论的指导,为中小学教师提供参与教育课题研究的机会,促进教师的继续教育。教师专业发展学校以中小学为主要的校本研修基地,加强了中小学教师与大学教师之间、各学校教师之间以及教师与实习教师之间的交流与合作。

(三)教师专业发展的资源保障

资源是生产资料或生活资料的天然来源,通常泛指一切对人们有用的事物。整合是指整理、组合,也就是通过某种方式把散乱、零散的东西聚合起来加以充分利用。资源整合就是把有效的、可利用的资源合理地调整组合。[1]教育资源整合可以提供完整的、系统化的教育知识,有效地实现资源共享,提高资源利用率,保障教师教育一体化顺利发展。

1.教师专业发展的资源供给

教育资源主要有人力资源、物力资源、财力资源以及其他资源。其中,人力资源包括教师、学生和教育管理者等,是最有价值的资源。世界各国无不重视教师的专业发展,构建教师教育一体化体系。美国建立的教师专业发展学校、英国学校培训与发展局制定的教师教育标准、法国建立的教师培训学院等,都体现着重视教师的培养和培训、促进教师教育一体化发展的理念。物力资源主要是教育教学中使用的硬件设备,包括基础设施、教学设备、图书资料等,这些教育资源极大地丰富了教学内容。财力资源主要指的是各项教育投资。我国的教育投资主要是政策倾向的资金扶持,政府是主要的承担者。教育部、国家发展改革委、财政部联合出台的《关于深化教师教育改革的

---

[1]刘晓明,徐旭水,潘海远."整合—互动"型校企合作办学模式中资源整合机制探究[J].中国职业技术教育,2009(1):35-37.

意见》中提出："各地要切实加大教师教育财政支持力度,新增财政教育经费要把教师培养培训作为投入重点之一。高等学校要建立师范生教育实习经费保障机制,确保师范生教育实践需要。教师培训经费列入同级财政预算。中小学(幼儿园、中等职业学校)按照年度公用经费预算总额的5%安排教师培训经费。支持实施幼儿园和中小学教师国家级培训计划、职业院校教师素质提高计划和中小学(中等职业学校)名师名校长培养工程。"除了落实政府作为教师教育经费投入的第一责任人以外,应鼓励社会团体和行业企业支持教师教育事业。

2.教师专业发展的资源整合

教育资源固然重要,更为重要的是通过灵活多样的方式把这些资源进行合理的整合,提高资源利用率。资源整合的首要原则是互惠互利,效率优先。基于此,西南大学和重庆市渝中区共建的教师教育创新实验区构建了校地导师互聘机制,激活人才资源。西南大学选派专业教育研究者和学科教学专家,担任渝中区中小学科研副校长、扎根研究员,参与学校课题研究与课程开发等工作,为提高中小学生的学业成就提供智力支持和科学指导,推广基础教育科研成果在中小学实践中的转化。同时,从渝中区中小学遴选具有高级职称的优秀教师,承担西南大学师范生的实践课程教学和实习指导工作。渝中区教师进修学院作为教研和培训机构,全程参与教师教育一体化的课程研发活动及学校发展活动,通过校本研修和专题报告等多种教师培训方式,提高中小学教师的教学水平和专业发展能力。校地双方还整合课程和信息资源,打造一体化教师专业发展平台、教师教育资源共建共享平台、Blackboard教学辅助平台等教师教育平台。教师教育工作思路、工作方法的不断创新,需要从整合资源这一源头入手。有效盘活和应用教师教育资源,是推进教师教育一体化的关键。

(四)教师专业发展的平台保障

西南大学与实验区设立校地合作组织实体,建立相应机构推动事业发展。除了设置专门的管理机构外,实验区还制定了领导小组会商制度、工作小组例会制度、建设办公室例会制度、项目小组工作制度、专家小组评估制度等,给项目的正常运行以制度保障。实验区建立了教师教育创新示范学校、教师专业发展研修基地、"双实"实践基地和"基础教育课程改革与教学创新研究"实验基地等。西南大学与实验区共同设立了教师专业发展研修基地"师元学堂",通过合作共赢共同促进校地合作和教师的专业发展。双方各自设立相应的管理机构对"师元学堂"进行管理,每一学年,西南大学教师教育学院会遴选和培训多名优秀研究生赴实验区中小学进行顶岗实习。顶岗实习的师范生深入教学一线,通过一学期的教学实践,提高了专业能力,而且也在一定程度上缓解了实验区中小学教师岗位空缺的问题。

1.实施分层决策,保障项目运行

为了保证项目的顺利实施,西南大学与实验区共同设立实验区建设领导小组、专家指导小组、工作小组、项目小组和技术平台支撑小组,小组成员分别由西南大学和实验区的相关领导组成。各小组各司其职,定期向项目管理办公室汇报项目进展情况,并接受监督与检查。实验区建设领导小组主要负责实验区建设的决策、指导以及校地间的行政协调和沟通,每年召开一次全会,商讨确定项目重大决策,讨论战略发展方向。专家指导小组负责接受项目设计咨询,对实验区建设的实施、过程监控和质量评价进行专业指导,并对项目的推进进行专业评估。工作小组负责整个实验区建设项目的组织、协调、实施和监控等日常工作,每半年召开一次工作会议,指导监督各项目实施,其下设实验区建设项目办公室。工作小组有固定的办公室和办公设备,至少有两名专职或兼职工作人员。项目小组负责遴选实验区建设的项目负责人,依据整体行动计划落实子项目,对项目的具体实施予以指导和过程监督。技术平台支撑小组为实验区建设提供技术平台,开发数字资源,形成教师教育优质资源库。同时,在总项目下设立子项目,每一个子项目设有负责人,也由西南大学和实验区的领导担任;每一个子项目再细分为若干个小组,每一个小组由若干个成员组成,小组权责明确,制度清晰,把项目的每项任务都落实到人,真正做到工作任务细致化。

2.明确各方权责,提升运行效能

教师教育一体化涉及高等院校、地方政府、教研机构、中小学等主体,各主体基于利益最大化和均等化原则,明确"U-G-I-S"各方在教师教育一体化进程中的责任义务及问责办法。在教师教育创新实验区项目建设中,西南大学与实验区共同设计项目的实施方案,签订甲乙双方的合作协议,适应基础教育课程改革的需要,构建权责对等利益机制,明确"U-G-I-S"各方在实验区建设中的责任义务;同时,定期召开工作会议,了解项目中的困难与问题,保障项目的正常运行。

叶澜教授曾指出,高等师范大学要承担起对中小学教育改革提供智力支持的责任,高等院校要成为推动中国基础教育改革的一支重要力量,高等院校和中小学之间明确的权责关系对于教师教育体系的运行至关重要。[①]西南大学和实验区中小学分别具有自己的优势资源,高等院校在教育学和心理学等学科上具有独特的学术优势,理论基础雄厚,教育资源丰富,承担着职前教师培养和职后教师培训的职责;中小学有实践基地的优势,可以培养大批优秀的校长和教师,同时也可以作为实习基地,接受实习生进行课堂见习和实习,提供实际的教学环境,有利于实习生提高教学能力,及时调整教学方法;地方政府的主要作用是做好统筹和协调工作,颁布相关的政策法规,投入教育经费,促进资源共享;教研机构作为项目的实施主体之一,应及时提供相应的科研帮助,提高中小学教师的科研能力。机构之间各具优势,应充分发挥好各方的资源和平台优势,通过资源共享、师资共建、基地共建、学分互认等

---

① 叶澜.大中小学合作研究中绕不过的真问题——理论与实践多重关系的体验与再认识[J].教育发展研究,2014(20):1-5.

多种方式促进高师院校、地方教育行政主管部门和广大中小学校自觉联系起来,共同多向支持和多赢发展。①

3.畅通反馈渠道,营造信任文化

实验区建设项目办公室由校地双方共同派人组建,强化日常管理职能,定期向实验区建设领导小组、工作小组、项目小组报送工作计划、工作总结,形成"收集信息—汇总发布—通告—反馈跟进"一体化的沟通机制,加强校地双方和子项目之间的沟通,培育互信文化。自2013年10月项目启动至2016年12月,6大类12个子项目共提交项目简报280余份,总项目生成项目进展汇总简报38期,汇编《教师教育职前职后一体化文献资料集》《教师教育创新实验区进展报告》等材料12份,《光明日报》《中国教育报》《重庆日报》等传统媒体以及人民网、新浪网、华龙网等网络媒体进行了关注报道,既扩大了项目的影响力,又营造了信任文化,推动了项目顺利实施。

---

① 饶玮,夏泽胜.我国教师教育一体化的理论反思与实践路径[J].继续教育研究,2015(8):63-65.

第三章 探索"四位一体"协同发展机制

　　教师是教育发展的第一资源。我国从20世纪90年代开始教师教育职前职后一体化的探索与实践。1999年,中共中央、国务院通过了《关于深化教育改革全面推进素质教育的决定》,提出对教师教育体系进行结构性调整的要求。2001年颁布的《国务院关于基础教育改革与发展的决定》中又明确提出,要不断完善以现有师范院校为主体、其他高等学校共同参与、培养培训相衔接的开放的教师教育体系。2010年,国务院办公厅印发了《关于开展国家教育体制改革试点的通知》,教师教育职前职后一体化人才培养模式改革作为其中的立项项目开始了理论与实践的探索。

一、教师教育协同机制的形成背景

构建现代教师教育新体系，探索职前职后一体化人才培养模式改革，实现教师教育专业化、一体化、终身化发展，是教师教育转型发展与质量提升的关键环节。西南大学承担"构建教师教育职前职后一体化人才培养体制"项目以来，服务于国家重大战略需求，从体制机制角度探索培养卓越教师和教育家的新模式，以构建教师终身发展体系为目标，重点解决长期以来影响我国教师职前培养质量和职后专业发展水平的突出问题。

(一)建立教师教育组织体系

长期以来，我国的教师教育体系比较单一、封闭，师范大学主要负责未来教师的职前培养，教育学院主要负责在职教师的职后发展(培训)。教师的职前培养和职后发展隶属于不同的机构和部门。为了鼓励综合性大学和非师范类高等学校参与教师教育，提高教师队伍的质量，1999年，中共中央、国务院颁布了《关于深化教育改革 全面推进素质教育的决定》，明确指出："鼓励综合性高等学校和非师范类高等学校参与培养、培训中小学教师的工作，探索在有条件的综合性高等学校中试办师范学院。"2001年，《国务院关于基础教育改革与发展的决定》中进一步提出："完善以现有师范院校为主体、其他高等学校共同参与、培养培训相衔接的开放的教师教育体系。"随着国家政策的调整和师范院校转型发展的需要，经过10多年的努力，我国独立的师范教育体系逐步被打破，教师教育逐步走向大学化、专业化、一体化、开放化，开放、灵活、多元的教师教育格局逐渐形成。然而，由于高水平综合性大学参与教师教育的积极性不高，师范院校择优招生、提前录取等政策的取消，以及教师教育学科制度建设的滞后等原因，教师教育的转型发展尚不深入，与现代大学制度相吻合的教师教育学科制度和专业机构尚未建立。在此背景下,只有在学科基础上组织结构的转型才能进入实质性的教师教育转型。

(二)创新教师教育培养模式

长期以来,由于受传统教师教育模式的影响,大学与地方政府、一线中小学相互割裂的情况比较严重,人们往往将大学看作教师教育的唯一主体,忽视了地方政府、教研机构和一线中小学在教师教育中的职责与作用。近年来,随着国际教师专业发展学校的不断兴起,通过政府的力量加强大学与中小学的合作,使其合作伙伴关系成为一种普遍化、制度化的教师教育模式,已经成为国际教师教育的基本共识。国内的一些高等院校也开始了大学、地方政府、教研机构与中小学协同培养教师的实践探索,并通过建立实验区与实践基地学校的形式,逐步加强了与地方政府、一线中小学的合作,以期解决教师教育发展中面临的实际问题,培养师范生的实践能力,促进教师的专业发展。但是,观念的改变并不一定带来行动的改进。尤其是在教育实践中,由于高等院校、地方政府、教研机构和一线中小学隶属于不同的管理机构,各自的职责与需求也不尽相同,导致各利益主体在满足各自需要和实现自身利益最大化时往往相互博弈,不愿承担教师培养的责任,甚至相互推诿、相互干扰。其最终结果是,师范院校作为教师教育的单一主体,不能胜任也无法完成培养高素质专业化教师的历史重任。也就是说,教师教育的任务不能只留给师范院校,必须建立一个支持现代教师教育发展的教师教育新体系,这个新的支持体系要超出高等院校的范围,它不仅包括与教师教育相联系的一线中小学,也包括各级地方政府和教研机构。

在当前情况下,如何打破教师教育过于依赖高等院校的历史局限,充分发挥地方政府在教师教育中的统筹作用,调动教研机构和一线中小学,尤其是一些优质中小学参与教师教育的积极性与主动性,形成高等院校、地方政府、教研机构与中小学协同培养未来教师和促进在职教师发展的新体系,促使研究与教学一体化、理论与实践一体化,从而使大学和中小学都能从中实现自身的价值,是教师教育改革与发展的时代难题。

(三)探索教师教育发展目标

现代大学制度是以学科制度为基础的。但是在现代大学中,师范教育体系内缺失了对教师教育学科的研究,或者说,从学科设置上无法进行实际操作从而导致了教师教育学科的虚位,这严重制约了教师教育的发展和教学劳动力质量的提高。其主要表现为:对教师专业发展的阶段性认识不清晰,对各阶段教师发展所需的知识和能力定位不准确。其结果是:在从师范生到初任教师再到熟练教师、优秀教师乃至专家教师的成长过程中,对每一阶段教师教育应关注的重点问题认识不清,诸如在师范生培养阶段出现的面对复杂多变的课堂教学,师范生产生的"力不从心",甚至是"束手无策"的现象在初任教师阶段依然比较突出;师范生在本科教育中学习的相关课程,如"学科教育学""教育研究方法"等在教育硕士阶段仍在按部就班地进行,甚至连教学内容也高度一致。如何在终身教育理念下,按照教师专业发展的阶段性特征,系统设计、整体规划,有计划、有步骤、有重点、循序渐进地促进教师专业的发展,仍然是教师教育面临的时代难题。

(四)统整教师教育培养机制

教师教育既包括教师的职前培养,也包括教师的职后发展。职前培养和职后发展是教师教育有机体的两个方面。自20世纪80年代以来,职前职后一体化成为世界各国教师教育发展的共同趋势和显著特征。然而,长期以来,受传统思维模式的影响,师范院校主要负责师范生的职前培养,教育学院主要负责教师的职后发展。近年来,随着教师教育的转型发展,我国的教师教育层级结构和培养结构发生了根本性变化,一些院校通过撤并的方式进行了教师教育资源整合,理顺了关系,对教师教育的一体化发展起到了积极的促进作用,但是这种变化并没有从根本上改变教师职前培养和职后发展相分离的局面。教师的职后发展往往由于责任主体不明确、目标定位不准确、课程设置不合理、监管不到位而具有很强的主观性、随意性和不确定性,严重影响了教师教育的长效发展。要想从根本上解决教师教育职前培养和职后发展的脱节的问题,必须在终身教育理念的指导下,通过体制机制创新,打破条块分割的教师教育体系,按照教师专业发展的阶段性特征,将教师的职前培养和职后发展统一起来,对教师教育的培养目标、课程设置、组织管理等进行统整设计,使之成为一个延续不断而又相互促进的整体。这种设计不应局限于某一个固有的阶段或者单独的学科,而是要为教师的持续发展提供一套共同的目标。

(五)整合教师教育发展机构

随着教师教育的转型发展,师范院校基本都将其目标定位为建设成为一所以教师教育为鲜明特色的高水平综合性大学。转型后的师范院校为了进一步增强教师教育的既有优势,凸显教师教育特色,都对教育资源进行了重新配置,设立了教育学部,以资源集中优势激活教育学科的学术发展动力。但是教育学部并不直接培养中小学教师,因此,教育学科的学术发展并没有产生联动效应,带动教师教育资源的整合与教育学科的创新发展。可见,重新配置的教师教育资源依然没从原来的学科组织中剥离出来,向作为培养教师的专业组织机构集中。教师作为专业人员,理应由专门的组织机构(专业学院)来培养,尤其是为了迎合教师教育一体化发展的要求,更需要有专业的学院对师范生的培养、教师的入职教育和职后发展等方面进行整体规划、系统设计。近年来,虽然大部分高等院校都成立了教师教育学院,但是教师教育学院更多的只是一个职能部门,教师教育仍然存在于各学科组织的结构之中,甚至在同一所学校出现教育学部、教师教育学院、教育研究院、教育科学研究所、教育系等机构林立的局面。教师教育学院的成立不仅没有有效整合教师教育资源,其也没有履行起教师培养、教师教育研究和教师教育社会服务的基本职能,反而使得本来简单的教师教育机构变得复杂臃肿。

(六)完善教师教育质量监测机制

教师教育专业化是教师专业化的前提与基础,是促进教师发展的重要保障,其核心是教师培养和培训的专业化。长期以来,我国政府虽然高度重视教师教育的发展,并出台了一系列政策文件,如实施国家公费师范生教育、卓越教师培养计划、加强师范生教育实践等,以提高教师教育质量。然而,由于监管不到位,导致教师教育质量存在着很大差异。建立教师教育质量认定与监测机制,是保障教师教育质量的重要举措。早在20世纪90年代,美国就建立了教师教育认可委员会,专门评估教师教育机构是否达到了其既定的目标。在借鉴欧美发达国家教师教育经验的基础上,建立全国性的教师教育认定与质量评估中心,准确定位中心的职能,制定教师教育培养和培训机构认定标准,发布教师教育质量年度监测报告,是提高教师教育质量的有效举措。

二、教师教育协同机制的模式构建

"体制"与"机制"原本是两个不同的概念,但是在当前的话语体系中却被人们联在一起广泛运用。事实上,"体制"(system,institution)是一种含有应然性质的安排或规范要求,反映事物发展的静态特征;而"机制"(mechanism)则是一种体现事物各关键要素运动变化的关系性特征。

(一)教师教育协同机制的基本内涵

教师教育职前职后一体化体制机制是教育体制机制下的一个子系统,包含职前职后一体化的教师教育机构和一体化的教师教育规范,是二者的有机结合。前者主要是指教育行政部门、高等院校、教研机构、中小学等组成的教师教育协同组织机构;后者主要是指维持一体化教师教育组织机构正常运转的条件性保障或协同关系,体现教师教育职前职后一体化体系中各层次、各部分、各要素之间的相互关系及其运行方式,包括整个一体化体系的激励机制、运行机制、保障机制等。当然,教师教育职前职后一体化体制机制又是一个密切联系的统一体。职前教师培养和职后教师培训的组织机构与规范制度要通过其各要素之间的运行方式来得以建立和实施,而教师教育职前职后一体化体制机制的运行又要借助其组织机构和规范制度的保障和支持。因此,在一体化体制与机制的产生与发展过程中,二者相辅相成、相互依存。

教师教育职前职后一体化从不同的层面来看有不同的表现形式。从纵向上看,它打破了教师职前培养与职后发展相互分离的局面,建立起职前职后相互衔接、内在统一的教师教育体系;从横向上看,它将教师教育的学历教育与非学历教育、正规教育与非正规教育有机结合起来;从范畴来看,它主要包括培养目标一体化、课程设置一体化、考核评价一体化和管理体制一体化。因此,我们认为,教师教育职前职后一体化的体制机制创新包括教师教育组织机构的创新,即教师教育实施机构的创新、管理机构的创新;规范制度的创新,即教师教育政策的创新、教师教育法规的创新;各要素之间关系与运行方式的创新,即教师教育培养目标、培养模式、课程设置、评价方式等的创新。教师教育职前职后一体化体制机制创新的实质是:以终身教育理念为指导,遵循教师专业发展的规律,对教师的职前培养和职后发展进行统整规划和设计,建立起教师专业发展各个阶段既相互独立,又相互融通衔接的教师教育新体系及其运作方式。

教师的职前培养和职后培训具有不同的目标、内容和内涵特征,呈现出明显的阶段性,但教师的职前培养和职后培训两个阶段又相互联系、彼此支持,具有连续性。我国传统的师范教育历经半个多世纪的发展后,形成了教师职前培养与职后培训两大完整、独立的体系。一直以来,普通师范院校负责组织实施教师的职前培养,即师范生教育;教育学院、教师进修学校及其他教研机构负责组织实施教师的职后培训。在这样的体系下,教师职前培养与职后培训由两个各自独立的运行系统完成。不可否认,传统师范教育体系在计划经济体制下对我国教师队伍的建设发挥了积极的、不可取代的作用。但是，随着我国教师教育深化改革的推进，传统师范教育体制机制发展滞后和阻碍深化改革的问题愈加突出。

（二）教师教育协同机制的主体构成

为了从体制机制上改变这种状况，西南大学基于对教师教育目标内涵的分析，以教师职业发展的生涯周期为时间水平序列，以教师专业发展的不同阶段为发展纵向系列，探索教师教育目标体系的一体化统整，设计了教师职前培养、入职教育和职后培训的立体化教育目标结构，培养对象涵盖教师专业发展的各个阶段，即证书教师、初任教师、熟练教师、优秀教师和专家教师。一体化教师教育目标体系中的总体目标是为中小学培养专业化的优秀教师和未来教育家。以相互衔接、有效统整的三段培养目标为支柱保障总体目标的实现：职前培养阶段侧重于培养合格的专业化教师，同时为终身学习和持续的专业发展奠定坚实基础；入职教育阶段侧重于进行教师角色适应训练，将重点放在更大限度地使入职教师切实了解中小学教育实际，进一步完善教师的专业知识和能力结构上；职后培训侧重于提升教师的教育教学技能、教育反思与研究能力，旨在构建具有个性的系统教育模式和理论体系，最终目标是培养优秀教师和专家教师。

2010年，西南大学申报并获得批准承担国家教育体制改革试点项目：构建教师教育职前职后一体化人才培养体制。项目基于国家卓越教师培养的重大战略需求，全面贯彻党的教育方针，落实立德树人根本任务，按照教师教育发展专业化、一体化、终身化的理念，以全面深化教师教育体制机制改革为重点，构建现代教师教育新体系。项目工作启动以来，西南大学先后在重庆市渝中区和贵州省遵义市创建教师教育一体化创新实验区，实施以构建师范生职前培养与教师职后发展一体化体制为目标的教师教育培养模式改革，建立起高等院校（U）—地方政府（G）—教研机构（I）—中小学（S）"四位一体"的协同育人新机制（UGIS模式），实现了教师教育人才培养模式的创新发展，引领了区域内教育教学的重大改革,形成了校地一体、联动互促、共生发展的现代卓越教师培养新体系,破解了长期以来影响我国教师职前培养质量和教师职后发展的两个突出问题:师范生职前培养与教师职后发展体系相互脱节;师范生职前培养机构与教师职后培训机构彼此隔离、缺乏统整。项目取得了丰硕的理论与实践成果。

三、教师教育协同机制的行动策略

西南大学自2010年承担国家教育体制改革试点项目"构建教师教育职前职后一体化人才培养体制"后,成立了以学校党委书记为组长的教师教育工作领导小组,并出台了《西南大学推进国家教育体制改革试点项目工作实施办法》。多年来,学校一直将项目的实施作为党政工作的重要内容,重点推进,大胆创新,进一步明确项目针对的问题,丰富教师教育一体化内涵,创新教师教育理论体系,打造高水平专业化教师发展平台,并大力进行实践探索,在新的高度构建了教师教育职前职后一体化发展的新体系,有效推动了教师教育的创新发展,取得了阶段性的成果,破解了教师教育发展过程中的时代难题。学校依托本项目产出的教学成果获得国家级教学成果二等奖和重庆市教学成果一等奖。

(一)构建教师教育职前职后一体化管理体制

西南大学以国家教育体制改革试点项目"构建教师教育职前职后一体化人才培养体制"为契机,加强了职前职后一体化教师教育管理体制改革,成立了以学校党委书记为组长、校长为副组长的教师教育工作领导小组,并根据工作需要,于2011年9月,在师范教育管理办公室的基础上,整合学校教师教育优质资源,成立了直属学校,兼具教学、研究、管理与服务功能的实体性二级学院——教师教育学院,进一步理顺学校内部各相关部门在教师教育方面的职责分工,建立综合性大学框架下校内相关部门之间相互协同且职责明确的教师教育管理体制。教师教育学院全面统筹、负责全校师范生、教育硕士、教育博士的培养工作,负责实验区的指导与建设工作,并初步构建起综合大学框架下教师教育队伍建设的四级管理体制,即以"教师教育工作领导小组—教师教育学院—各师范生培养学院—各学院教师教育系"为主的教师教育队伍建设四级管理体制。

(二)构建教师教育职前职后一体化保障机制

西南大学教师教育立足于"专业基础扎实、教学技能突出、综合素质全面、人文修养深厚"的人才培养目标,以人才培养模式改革为核心,以体制机制创新为关键,以全面深化教师教育体制机制改革为突破口,总体规划、加强综合、强化特色、凸显优势,促进教师教育的内涵发展与创新发展。这也是西南大学全面深化教师教育综合改革的基本要求。为了确保教师教育综合改革的顺利实施,西南大学坚持统筹规划、稳步推进、突出重点、群策群力、协同配合的基本原则,先后制定了《西南大学关于教师教育优势专业与课程改革的实施办法》《西南大学关于推广 UGIS 模式互派教师双聘制度实施办法》《西南大学关于师范生教育实践基地建设及管理办法》《西南大学关于学科教育教师队伍建设方案》《西南大学关于教师教育二级学科与学位点建设方案》等政策文件,有效保障了教师教育职前职后一体化的顺利实施。

(三)构建教师教育职前职后一体化运行机制

为解决长期以来困扰我国教师职前培养与职后发展的问题,如内容低质重复、方式封闭单一、评价模糊脱节、机构各自为政等,充分发挥地方政府、教研机构和中小学在教师教育职前职后一体化中的重要作用,突破现行机制障碍,西南大学以重庆市渝中区教师教育创新实验区、贵州省遵义市教师教育创新实验区为依托,探索创建了高等院校—地方政府—教研机构—中小学(UGIS)"四位一体"的教师教育运行机制。一方面通过学校与地方政府在教育实习与社会实践、合作研究与成果推广、生源选拔与就业促进、教师专业发展与教育咨询服务等方面展开深入、全面的协同,实现双赢互惠;另一方面,通过高等院校与教研机构及其中小学在教师教育课程设置与实施、教育科学研究、教育管理、教师专业发展、教师发展资源共享等方面展开深入、全面的协同,实现互惠互利。经过多年的努力,有效改变了教师教育职前职后机构隔离和资源分散的局面,使教师教育成为一个阶段性与连续性相结合的有机统一体。

(四)构建教师教育职前职后一体化课程体系

西南大学为适应卓越教师职前职后一体化培养新体制,结合国家卓越教师培养与教师资格证书制度的新要求,在充分发挥综合大学学科平台的基础上,全面落实国家卓越教师培养计划,按照《中学教师专业标准(试行)》《教师教育课程标准(试行)》的相关要求,围绕现代教师的核心素养,全面深化教师教育课程改革,建立了以通识教育课程、学科专业课程为基础,以教师教育类课程为支撑的现代教师教育课程体系。新课程体系充分体现了师范生"双专业"培养的教育思想,即"学科专业教育"与"教师专业教育"有机结合,使师范生既具备充足的学科知识储备,又能掌握规范的教育教学技能,全面提高师范生的执教能力。

通识教育课程由教务处与师范生培养学院共同建设,主要目的是强化社会主义核心价值观与基本核心素养的教育,主要包括政治思想理论课、基础技能课和通识教育课程,涉及人文学科、社会学科、自然学科等领域,鼓励师范生跨学科、跨专业学习,以培养具有坚实基础、宽广视野、可持续发展的拔尖人才。

学科专业课程由各师范生培养学院按照学科专业知识体系与卓越教师培养要求建设。学科专业课程应体现基础性、系统性、前沿性,突破学科与专业的简单对应,对传统的学科专业组织进行改造,鼓励相近专业相互融合的教学、研究和实践。

教师教育类课程(含教育学、心理学)由教师教育学院负责建设。按照教师教育专业化、一体化、终身化的时代要求,重构教师教育课程,深化教师教育必修课与教师专业能力训练课程改革,强化教师核心素养与教育教学能力训练,进一步提高教师教育课程的专业性、针对性和实效性。其中突出的改革成果是在原有"教育学基础""心理学基础""学科教学法"课程的基础上,为进一步提高师范生的教育教学能力,为师范生开设了"口语训练""书写训练""音乐基础训练""美术基础训练""心理教育能力训练""现代教育技术应用能力训练""课堂教学综合训练"等7门教师教育能力训练课程。与此同时,为进一步适应师范生个性化发展的需要,学校还为师范生开设了"班主任工作""基础教育改革与发展研究""中学教师专业发展""课堂管理""课堂教学技术""教育公平"等20余门教师教育选修课程。

此外,学校以2007级免费师范毕业生即将回校攻读教育硕士学位为契机,在全校18个公费师范本科专业和教育硕士专业的培养方案基础上,系统研究、科学制定了《西南大学国家公费师范生本硕一体化培养方案》,从而使国家公费师范生本科与硕士的培养目标、课程内容、培养模式、考核评价等前后衔接、融会贯通。

专业实践活动是教师专业能力形成与体现的基本方式,为了有效提高职前教师的专业能力,西南大学在多年实践探索的基础上,坚持学科性与师范性并重、理论性与实践性并重的人才培养理念,通过优化课程体系,形成了由基础能力训练、专业能力训练和综合应用能力训练3个模块和10门课(4+3+3)组成的重视基础、突出能力的"3-433"教师专业能力训练课程体系。"3-433"教师专业能力训练课程体系摆脱了传统的"理论讲解+实习实践"的单一模式,将"主题反思·课堂观察·见习观摩·实习实践"的四环模式统整于"技能解析·案例评析·实作训练"三位一体的能力训练之中(见图3-1)。根据能力训练的次序与规律,采取"单项训练、逐层整合"的方式,将教师专业能力分解为具体的专业技能或训练项目,在能力分解训练的基础上,运用典型练习、变式练习、拓展练习、自主实践等逐层递进的方式,循序渐进地促进教师专业能力的形成与提高。

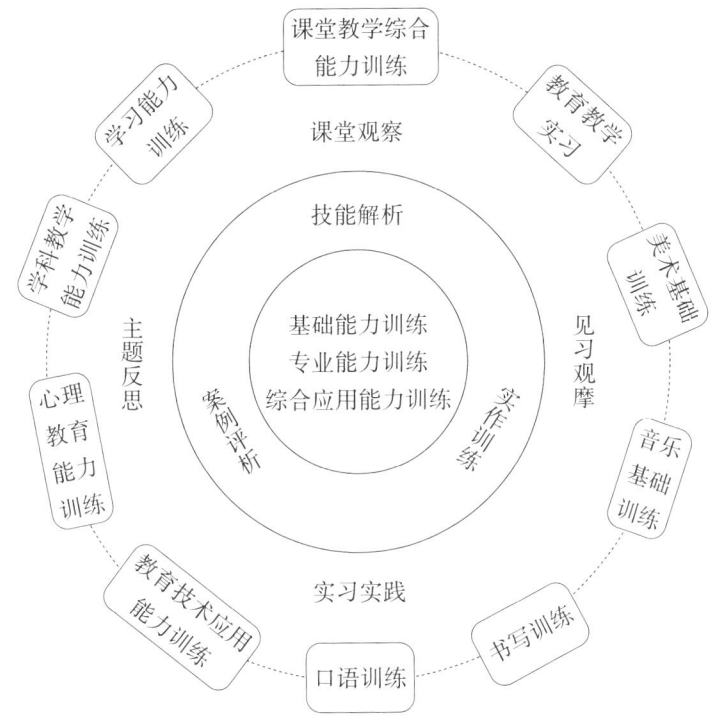

图3-1 "3-433"教师专业能力训练课程体系

(五)建设教师教育职前职后一体化师资队伍

西南大学从培养优秀教师和教育家的内在规律出发,通过"引、转、培"等方式,整合校内外资源,加强教师教育师资队伍建设,将学科教育学教师、心理学公共课程教师、教育学公共课程教师、教师专业能力训练课程教师,其业务指导、能力建设、职称评审、专业持续发展等方面统一归口教师教育学院统筹管理。第一,学校按照"双向选择"的方式,调整学校既有学科教育学教师队伍,即原有学科教育学教师的教学科研工作岗位既可以按照传统方式继续保留在原来所在专业学院,也可以按照自愿原则调整到教师教育学院;第二,通过"聚贤工程",进一步加大引进人才工作力度,将新进学科教育学教师的人事关系直接归口到教师教育学院;第三,根据教师教育实践教学的需要,学校还要求中青年教师教育者(学科教育学教师)每5年期间至少累计有1年到中小学从事基础教育研修与实际教学工作,同时,还聘任中小学、教研机构的教学名师、优秀教研员为教师教育类课程的兼职教师。通过多年的实践探索,初步凝聚并培养了一支数量充足、结构合理、素质全面、专职与兼职相结合的教师教育创新发展团队,包括思想品德教育团队、教育理论教学团队、学科教育教学团队、师范生能力训练团队和教育教学实践指导团队等构成的教师教育教学团队,各团队按照专业化的标准开展有针对性的教师教育工作。

(六)构建教师教育职前职后一体化培养模式

1.国家公费师范生:"3+X+N"双融合卓越教师培养一体化模式

在现有国家公费师范生教育政策体系下,西南大学深化"厚基础、强素质、扬个性、求创新"的国家公费师范生育人实践,探索"一体化设计、全程渗透"的教师教育培养体系,统筹设计职前培养、入职教育、职后发展,进一步深化国家公费师范生本科与研究生教育教学改革,全面强化师范生培养的过程性环节。"3"代指师范生4年制本科培养期间,培养学院累计实施的学科专业教育时间(累计3年)。师范生本科培养期间的学科专业教育仍然按照现有模式归属各师范生培养学院实施。"X"指本科4年一贯统整的教师教育类课程学习、师范生见习研习与教学实践的时间,要求师范生从一年级开始就利用课余时间到基地学校跟班见习,跟随优秀中小学教师(又称"主辅导师"),参与中小学教学实践,并由主辅导师负责4年期间教育实践指导。"N"为国家公费师范生4年本科毕业入职后,返校在职攻读教育硕士专业学位的时间。

2.非国家公费师范生:"4+2+2"本硕博一体化卓越教师培养模式

针对全国非师范专业本科毕业生,西南大学通过推荐与考试相结合的方式,在招生过程中增加面试、教师职业能力倾向与心理人格测试环节,选拔

"乐教、适教、尚教"的优秀毕业生,攻读教育硕士研究生。教育硕士的培养统一归口于教师教育学院,经过2年教师教育类课程的学习和实践能力训练,培养和塑造高水平、专业化、精英型的优秀中小学教师。

西南大学努力探索教师教育高水平学术研究人才、高级应用型人才与高水平中学教师培养的新模式。在本硕博一体化培养的基础上,依托教师教育二级学科点,选拔具备培养潜质的公费师范教育硕士、中小学优秀管理者、学科带头人进行教育专业博士培养,探索"4+2+2"本硕博一体化卓越教师培养新模式。该模式在硕士与博士研修阶段采取"脱产学习+高级研修+项目驱动+实践反思"的方式,通过参与式研修,提升教师的理论水平,促使教师准确把握自己未来的发展方向,促进教师学科专业能力与教师专业能力的深度融合,提升教师自主研修能力,培养其成为基础教育某一领域的专家教师。

(七)构建教师教育职前职后一体化学科发展平台

建设高水平的教师教育研究与实验平台是全面提升教师教育质量的重要支撑。西南大学按照国家"双一流"学校学科建设的重大发展战略思路,在教育学一级学科下设立"教师教育学"二级学科硕士、博士学位点,按照一流学科标准建设教师教育学科平台,形成卓越教师"本科—硕士—博士"一体化培养新体系,提升教师教育学术研究水平和人才培养质量,为实现卓越教师培养的专业化、一体化、终身化提供支撑。

与此同时,西南大学依托教师教育的国家平台、市级共建平台、校内自建平台与国际平台,建设国内一流、国际知名的教师教育研究与实验平台。依托国家级教师教学发展中心,积极开展教师专业发展研究,创新教师教育队伍建设的新模式、新途径,多形式开展教学培训、教学改革、教学评估、研究与交流等,为深化我国教师教育改革提供理论支撑与实践指导;与重庆市教委共建重庆市教师教育研究中心,探索建立开放的多方协同教师教育研究机制,努力建成机制健全、特色鲜明、资源共享、可持续发展的区域教师教育研究平台;建设院所合一的中国特色教师教育研究智库,聚焦国家和地方教师教育领域迫切需要解决的重大理论与实践问题,在教师教育基础理论、政策制度、专业标准、实践创新等方面开展跨国、跨境、跨区域、跨学科的高水平综合研究,为国家和地方教师教育改革与发展提供政策咨询与决策服务。

(八)建立教师教育职前职后一体化实践基地

为推进教师教育创新发展,西南大学先后与重庆市渝中区人民政府、贵州省遵义市人民政府共同建立了教师教育创新实验区。实验区基于"合作共建、资源共享、联合培养、优势互补、共生发展"的合作模式,依托西南大学教师教育的学科优势和资源特色,推动教师教育跨越式发展,提升区域办学质量和教育竞争力。实验区的优质示范学校成为西南大学师范生见习实习研习的基地学校,部分优秀中小学教师成为西南大学教师教育类课程的兼职教师。在实验区,逐步探索高等院校、地方政府、教研机构和中小学共建共享的体制机制,逐步形成基础教育教师培养、专业化发展的长效模式。在重庆市渝中区实验区,经过3年的努力,已培育出10余所教师教育发展示范学校,培养出20余名名校长、30余名名教师和近百名学科带头人,在渝中区乃至重庆市都产生了较大的影响。其中一些学校已经与加拿大优质学校建立了姊妹校关系,在国内外产生了广泛影响,得到了当地政府、教育行政部门和当地群众的高度认可。

与此同时,为了进一步提高师范生的实习实践能力,西南大学在中国人民大学附属中学、北京外国语大学附属外国语学校、西南大学附属中学等学校建立了卓越教师工作站,并多次派人赴卓越教师工作站交流访学。2015年,25名师元班学员分别赴中国人民大学附属中学、北京外国语大学附属外国语学校进行一周的游学实习实践,学员从听课备课、课堂教学、教学反思、校本教研等方面观摩名校教师的教学风采。

四、教师教育协同机制的主要成效

(一)促进了教师教育的质量提升

实施此项改革以来,有8万多名全日制国家公费师范生参与实验,师范生的素质与教学能力获得全面提升。在校国家公费师范生主持国家创新计划项目46项、省市科技推广和扶贫项目321项,比改革前增加47.8%;参加全国"挑战杯"、数学建模竞赛、学科教学竞赛、师范生素质大赛等累计获得省部级及以上奖励318项,比改革前增加73.2%。UGIS模式实施后,累计有超过10.5万名中小学教师与校长接受了不同类型、不同层次的教师专业发展培训,有力地促进了中小学教师与校长的专业成长。

(二)探索了教师教育的发展模式

该项成果的运用,大大缩短了师范毕业生从合格教师成长为优秀教师的适应期。校地合作"双聘双证式"制度的改革实践,2013年10月被立项为教育部教师教育改革发展示范项目,旨在探索一体化教师专业能力发展模式。

(三)形成了教师教育的系列成果

教师教育创新实验区建设产出了一批标志性的理论与教改成果,为国家教师教育转型发展的制度建设和国家公费师范生教育政策的完善提供了重要参考。通过改革实验形成的三项改革成果(《卓越教师培养计划专业与课程改革》《职前职后一体化校地合作双聘双证教师制度》《卓越教师培养人才模式改革》)被列为示范项目。教师教育职前职后一体化改革成果中,有10余篇论文在国际知名英文刊物上发表,有40余篇论文在国内重要教育刊物上发表,有20余篇论文参加国际学术交流,有30余种教材在全国广泛使用。2014年,实验区建设成果《教师教育职前职后一体化培养体系创新与改革实践》荣获重庆市教学成果一等奖、国家级教学改革成果二等奖。

第四章 创建教师协同发展共同体

优秀教师和未来教育家的培养,最根本的保障就是打造一支数量充足、结构合理、业务精湛的教师教育师资队伍。基于教师教育协同创新和教师教育一体化的大趋势,西南大学与重庆市地方政府、教研机构和中小学紧密协作,组建"师元讲堂",实施高校教师教育者与中小学优秀教师互聘互派制度,完善教师教育者分类管理和考核评价办法,特别修订单独系列的教师教育者考核、绩效与职务晋升评价制度,规定中青年教师教育者每5年期间至少累计有1年时间到中小学从事基础教育研修与实际教学工作,同时还聘任中小学、地方教研机构的教学名师、优秀教研员为教师教育类课程的兼职教师,初步建构起高校教育类教师、中小学教师和区县教研员一体的教师教育师资队伍建设运行机制,为区域教师共同体的建设探索出了一条切实可行的新路径。

一、教师协同发展共同体的动因

所谓师者,教之元也。"师元",其内涵就是要回归教师教育的本源,追寻教师教育的精髓。"师元讲堂"教师共同体是由高等院校、地方政府、教研机构和中小学的学科教育教师、教育理论工作者、教研员、教研组长和学科带头人、教学名师以及其他的教师培训者等教师教育者有机结合而成的一支数量充足、结构合理、素质全面、专职与兼职相结合的教师教育创新发展团队,其共同的目标在于探寻教师教育的本源和精髓,以培养一批优秀教师和未来教育家。

(一)世界各国教师教育改革发展的重要举措

协同高等院校、地方政府、教研机构与中小学共同开展教师教育已经成为世界各国教师教育改革与发展的共同举措。英、美等发达国家在20世纪90年代左右就开始尝试协同不同主体合作开展教师教育。1986年,美国建立起第一所教师专业发展学校,并由此形成大学与中小学合作的教师专业发展学校模式(PDS模式)。其主要目标在于为师范生提供临床环境,促进中小学及大学教师的专业发展,为中小学学生提供杰出教育,孕育改进实践的研究和探究文化。以学校为基地(school-based)是英国协同不同主体合作开展教师教育的模式,其主要目的是解决大学或中小学自身难以克服的弊端,如大学教师理论与实践的脱节、教师培养与教师职业生活脱节等。以学校为基地有三种类型:一是大学与中小学在教育过程中形成共同体;二是中小学在没有大学的参与下建立联合体;三是单一中小学与地方政府、大学或其他中小学形成共同体。美、英两国协同不同主体合作开展教师教育在世界范围内产生了广泛的影响。例如,加拿大建立了基于网络的大学与中小学的伙伴合作模式,日本提出了学习共同体,澳大利亚提出了知识建构共同体模式……总之,越来越多的国家认识到:"任何一种不是通过与周边学校协作而建立或实施的教师教育课程都是有缺陷的。"①因此,世界各国不约而同地选择了高等院校、地方政府、教研机构、中小学之间双边或多边协作开展教师教育的模式,以作为新时期教师教育改革与发展的工具与手段。

(二)我国教师教育改革发展的基本方向

我国的教师教育十分重视高等院校、地方政府、教研机构与中小学的合作,不断出台了许多相关政策文件。例如,2011年出台的《教育部关于大力推进教师教育课程改革的意见》提出,支持高校教师积极开展中小学教育教学改革试验,担任教育类课程的教师要有中小学教育服务工作经历;聘任中小学和幼儿园名师为兼职教师,这部分教师占教育类课程教学教师的比例不少于20%;建设长期稳定的中小学和幼儿园教育实习基地,形成高校与中小学教师共同指导师范生的机制等。2012年发布的《国务院关于加强教师队伍建设的意见》提出,建立高等学校与地方政府、中小学(幼儿园、职业学校)联合培养教师的新机制;鼓励普通高中聘请高等学校、科研院所和社会团体等机构的专业人才担任兼职教师。同年,教育部、国家发展改革委、财政部等部门颁布《关于深化教师教育改革的意见》,明确提出支持师范大学与综合大学、科研院所、行业企业、地方政府及国外教育科研机构深度合作,建立教师教育协同创新中心。《教育部关于实施卓越教师培养计划的意见》也明确指出:"建立教师教育师资队伍共同体。高校整合优化教师资源,加大人才引进力度,配足配齐教师教育类课程教师。聘请中小学、教研机构、企事业单位和教育行政部门的优秀教育工作者、高技能人才到高校担任兼职教师,从事卓越教

---

① John I. Goodlad. Why We Need a Complete Redesign of Teacher Education [J]. Educational Leadership: Journal of the Department of Supervision and Curriculum Development, N.E.A, 1991, 49(3): 4-10.

师培养工作。"总之,高等学校、地方政府、教研机构和中小学协作开展教师教育已经成为我国深化教师教育改革的新方向。

(三)教师教育创新实验区建设的实际需求

作为国家部属师范大学之一,西南大学在开展师范生公费教育培养工作过程中,承担了2008年国家"985"优势学科创新平台"国家教师教育创新平台"建设任务以及2010年国家新一轮教育体制改革试点项目"构建教师教育职前职后一体化人才培养体制"。为了深入贯彻实施教师教育改革,项目组提出并探索了高等院校(U)—地方政府(G)—教研机构(I)—中小学(S)"四位一体"(UGIS)的协同创新机制,与四川、重庆、云南、贵州、广西、西藏、新疆等西部地区7省(区、市)12个教师教育创新实验区签订了合作协议,改变了教师教育职前职后机构隔离和资源分散的局面,实现了职前培养与职后培训在机构、课程、师资、资源等方面的有机整合,为推动一体化改革提供了机制保障。

UGIS的协同创新机制,是以高等院校为主体,协同地方政府、教研机构和中小学的职能和业务,展开协同创新合作培养机制的新探索,主要进行"三个协同":一是"校地协同"(U-G)。西南大学与新疆、西藏、贵州、四川、云南、广西、重庆等7省(区、市)地方教育行政机构合作,实施"2-3-3-2"发展计划。二是"校校协同"(U-S)。西南大学与其他高等院校、中小学建立教师教育优质资源共享共建联盟,与12个实验区建立在线网络研修平台,与20多个实习基地学校建立优质在线观摩课堂。三是"校所协同"(U-I)。西南大学与教研机构合作开展师范生培养、职后教师培训、区域教师教育发展规划拟定、教师教育资源平台建设;与重庆市教师教育研究中心合作开展区域教师教育研究;与中央教科所联合实施"学科教育教师能力提升计划";与"中国—加拿大"教师教育研究所合作开展教师教育人才培养工作。为了更好地实现高等院校与地方政府、教研机构和中小学之间的整体协同,西南大学与各实验区共建了集师范生培养、职后教师培训、区域教师教育发展规划、教师教育资源平台建设、教师教育研究等功能为一体的教师专业发展专门机构"师元讲堂",作为实施UGIS"四位一体"管理和运行新机制的载体与依托。

(四)高校教师教育师资队伍建设的发展需要

作为UGIS协同创新机制的载体与依据,西南大学与当前国内众多高等院校一样,在教师教育师资队伍建设方面还存在一些亟待解决的问题,主要有:对教师教育者的认识狭隘;教师教育师资队伍的属性和发展定位不清晰;教师教育师资队伍建设封闭;与基础教育实际需求相分离;等等。

"教师教育者"(teacher educator)是一个舶来品。从英文解释来看,是指教师的教育者,即教师的教师。在广义上,教师的教师泛指教育教师的任何人,包括高等院校、地方政府、教研机构和中小学的学科教育教师、教育理论工作者、教研员、教研组长和学科带头人、教学名师以及其他的教师培训者等。在狭义上,教师的教师主要是指培养师范生的大学教师。在很长的一段时间里,我国高校对教师教育者的认识主要定位在狭义层面,即大学教师。教师教育师资队伍建设注重的是高学历人才的引入和培养,参考的指标主要有:具有博士学位、具有海外留学经验、具有较高的研究能力等。由于这些高门槛、硬指标的存在,造成了高校承担教师教育课程的专职教师数量较少,有的专业学院只有一两名学科教育教师。这些教师大部分是从高校毕业后直接到高校任教的青年教师,缺乏中小学教学经历,实践性知识较为欠缺。这在一定程度上造成教师教育者的整体质量不高。而教师教育的特性决定了培养教师的教师不仅要掌握学科知识,还要在学科教学知识和教学实践能力等方面具有更高的专业水准。

如前所述,高校对教师教育者的认识主要局限在大学教师这一狭义层面。从传统的学科分类和教师知识构成的角度来看,这些大学教师可以分为三类群体:学科专业教师、教育专业教师和学科教学法教师。其中,学科专业教师一般分散在各学科学院,教育专业教师一般隶属于教育学院,学科教学法教师则因不同院校类型隶属于学科学院或教育学院。目前,尽管已经有不少师范院校成立了教师教育学院,但也有不少教师教育学院只是承担原来由教务处或学校相关管理部门承担的部分管理和服务职能,或是从事教育研究,并没有将全部的教师教育者吸纳其中。尤其是学科专业教师仍然被边缘化,其功能被固化在学科教材教法研究领域,强调学科教学中以课程标准为中心的教材诠释和教法探讨,其教学目的也主要局限于帮助师范生了解和熟悉现行教材,掌握所谓的"最基本"的教学方法。加上在片面追求学校排名的改革过程中,其所属的专业学院往往只注重学科建设,而忽视了对学科专业教师的关注,这就使得原本处于边缘地位的学科专业教师丧失了应有的专业属性与地位,依附或游离于"学术研究取向"的边缘。

教师教育师资队伍建设的自我封闭性主要体现为:一是个人发展的封闭性。作为高校教师的教师教育者,往往具有较强的自主性和独立性,在专业成长过程中,他们更关注自己感兴趣的研究领域或话题,缺乏彼此之间的交流与互动。二是高校为教师教育师资队伍提供的专业成长环境的封闭性。一方面,高校中学科与学科之间相互分离,教学、科研和人才培养相互分离,造成学科专业教师发展和教育专业教师发展局限于自己的领域,各自为政,没有构成一个统一的有机体;另一方面,高校教师教育师资队伍建设的场所主要封闭在大学的"象牙塔"内,缺失了促进教师教育者专业成长的肥沃土壤——中小学,久而久之,高校教师教育师资队伍就脱离了基础教育改革与发展的现实场景,丧失了"临床教学"的经验与能力。

二、教师协同发展共同体的内涵

"教师共同体"是一个十分泛化的概念,目前尚没有一个统一的定论。但如果要真正厘清"教师共同体"的基本概念和内涵,新的共同体内容的提出也只不过是一些文字游戏罢了,甚至会对共同体原有的功能和作用带来阻碍。

正如加拿大学者维斯特海默（Westheimer, J.）所言："如果没有对教师共同体进行更加充分、慎重的概念化探索，学校教育改革的一切努力必将以失去方向而告终，共同体的术语也将变得无所不在，以至于变得肤浅。"①因此，在论述"师元讲堂"教师共同体的内容之前，首先需要廓清"共同体"与"教师共同体"的基本概念及内涵。

(一)什么是共同体

"共同体"是社会学中的一个基本概念，其英文为"community"，最普遍的翻译有"社群""社区""团体""群体"等。"共同体"的概念最早是由滕尼斯（Ferdinad Tonnies）提出的。在《共同体与社会——纯粹社会学的基本概念》一书中，滕尼斯强调共同体是基于自然意志（如情感、记忆、习惯）、血缘、地缘和心灵而形成的社会组织。他认为，血缘共同体是最早的共同体，"血缘共同体作为行为的统一体发展为和分离为地缘共同体，地缘共同体直接表现为居住在一起，而地缘共同体又发展为精神共同体……地缘共同体可以被理解为动物的生活的相互关系，犹如精神共同体可以被理解为心灵的生活的相互关系一样。因此，精神共同体在同以前的各种共同体的结合中，可以被理解为真正的人的和最高形式的共同体"②。滕尼斯还提出，共同体内部的默认一致是能够将一个团体成员结合在一起的特殊社会力量。这种默认一致是共同体成员将"相互之间的-共同的、有约束力的思想信念作为一个共同体自己的意志"，是"对于一切真正的共同生活、共同居住和共同工作的内在本质和真实情况的最简单的表示"。③滕尼斯之后，西方社会学家从不同角度对共同体进行了阐释。例如，鲍曼（Bauman, Z.）将共同体视为一个象征安全和谐的有机

---

① Westheimer, J. Communities and Consequences: An Inquiry into Ideology and Practice in Teachers' Professional Work[J]. Educational Administration Quarterly, 1999, 35(1): 71–105.

② 斐迪南·滕尼斯. 共同体与社会——纯粹社会学的基本概念[M]. 林荣远，译. 北京：商务印书馆，1999: 65.

③ 斐迪南·滕尼斯. 共同体与社会——纯粹社会学的基本概念[M]. 林荣远，译. 北京：商务印书馆，1999: 71, 74.

体,其本质是传递出一种安全、愉悦和令人神往的满足感,意味着怀念一种传统的稳定生活或渴望重新拥有一个团结和谐的世界。雷德菲尔德(Redfield,R.)将"独特性"(distinctiveness)和"小"(smallness)作为共同体的特性。罗森伯格(Rosenberg,G.)用"温馨的圈子"(warm circle)来形容共同体成员和睦相处的状态。圣吉(Senge)对共同体进行了说文解字式的分析,认为"community"是由两个印欧语系的字根组成的,"kom"的意思是"每一个人",而"mion"的意思则是"交换",有"共同分享"的意义。到目前为止,社会学家提出的"共同体"的概念已经多到90多种。尽管学者们对共同体的理解不尽相同,但其中仍有某些共识之处,如共同体的安全和惬意、相互关系的和谐、成员对共同体的依赖等。维斯特海默提出了共同体的5大基本要素。①

1.共同信仰

共同的价值信仰或信念,如共同的愿景、共同的价值观等,是共同体存在的前提,也是共同体的价值内核。共同的信仰或信念能够于无形中将共同体成员凝聚起来,使之成为一个具有强大力量的组织。正如塞兹尼克(Selznick,P.)所言:"具有共同历史和文化的共同体是最为强劲的。"②

2.合作与参与

合作与参与表示共同体成员参与活动、表达意见、认识自己在共同体中的身份及权责。共同体成员合作与参与的形式是多种多样的,如共同体中的新手向专家、熟手的学习,新手与新手之间的交流、讨论及协商等。

3.相互依赖

贝拉(Bellah)和他的同事对共同体作出了这样的界定:"共享特定的实践,共同参与讨论,共同做出决策,同时又相互依赖的一群人,他们既定义共

---

① Westheimer, J. Communities and Consequences: An Inquiry into Ideology and Practice in Teachers' Professional Work[J]. Educational Administration Quarterly, 1999, 35(1):71-105.

② Selznick, P. Moral Commonwealth: Social Theory and the Promise of Community[M]. Berkely: University of California Press, 1992.

同体本身,同时也培育了他们自己。"① 相互依赖,是指共同体成员之间不再是单打独斗、各自为政,而是共同组成了一个同呼吸、共命运的集体。

4.关注个体意见

越来越多的学者认为,分歧可以促进共同体的发展。共同体成员之间总是持有一致性观念、行为或价值观,并非总是积极的现象。表面的和谐背后可能隐藏着不平等或麻木,也可能是部分共同体成员选择服从权威、迎合主流观点而放弃自己的想法,从而形成一种和谐统一的假象。

5.有意义的联系

有意义的联系是指共同体本身所建立的联系和共同体成员之间的联系是友善而和谐的。在这种联系中,教师的职业关系和个人关系是相互促进的,个体义务和社会义务能够在工作中达到统一。

虽然维斯特海默给定了共同体的5大基本要素,但他自己也承认,研究者会在实证研究中找到更合适的共同体的定义。也就是说,这5大要素只能算是所有共同体的共性,不同的共同体还有属于自己的个性。因此,要界定或讨论某一类或某一个具体共同体,还需要将其置于特定的情境中。

(二)教师共同体的含义

作为一种特定的共同体,教师共同体除了具有共同体的共性外,也具有属于自身的个性。这些个性显示出教师共同体与其他共同体的区别。如果将教师共同体置于某种特定的情境可以发现其个性特征,那么当下的情况是教育情境的复杂性和多样性造就了多样的教师共同体,使得教师共同体有了许多不同的形式和名称。比如,大学和中小学合作建立的教师发展学校、教师发展基地,各类学校的教学研究会、名师工作坊,各种网上交流的教师群体,或直接称为教师学习共同体、教师发展共同体、教师专业共同体、教师实

---

① Bellah R., Madsen R., Swidler A., et al. Habits of the Heart: Individualism and Commitment in American Life[J]. Journal of American History, 2007,73(1):263.

践共同体等。不严格地讲,它们其实都是教师共同体,只是由于它们被置于不同的情境中。有学者将教师共同体出现的情境分为三类。①

1.基于项目的聚合

项目是基于挑战性的问题的复杂任务,它需要包含问题设计、问题解决或者调查活动,并且要经历一段时间的相对自主的工作,项目最后能够带来真实的产品或效果。相对于日常教学工作而言,项目更具有复杂性和挑战性。因此,当教师面临一个项目时,通常是无法仅仅凭借其个人努力就可以完成的,需要与其他教师进行合作并共同承担责任。项目的不确定性会促使成员不断进行讨论和决策,由此产生的压力又会使得成员之间的依赖感增强。因此,合作性和彼此之间的依赖就成为项目驱动下共同体的主要特征之一。此外,由于项目使得每一个成员承担了不同的角色,为成员框定了项目内人员和项目外人员的界限,也使得成员有了共同的责任和共同的精神状态。

2.基于改革的驱动

教育变革往往是以项目的形式体现的。由于项目的复杂性,教师会面临各种各样的挑战,如果没有共同的信念、共同的愿景,没有共同担负责任的决心和态度,没有相互合作、交流共享的保障机制,普通教师群体是很难适应这种教育变革所带来的挑战的。这也是为什么迈克尔·富兰呼吁不能让教育工作者单独去完成任务。单独的教师个体无法完成改革的任务,需要形成团体并进行协作。

教师共同体与项目和改革之间的影响是双向的。项目和改革需要教师共同体的推进,如果教师在团队中扮演好自己的角色和忠实地履行角色的义务,就会自然推动教育项目和改革的开展和实施。同时,项目和改革主体的演变,又会促使一个个新教师共同体的生成。

---

① 沈佳乐.教师共同体的要素及其情境分析[J].课程·教材·教法,2015(4):105-109.

3.基于实践的成长

基于实践而结合起来的教师共同体,往往是由于所有成员拥有某个共同的关注点,共同致力于解决某一个或某一组问题,又或是共同热衷于某一主题等。所有这些共同的追求都需要实践参与,需要置身于具体的情境中。实践为教师提供了一个参与和发展的平台。在实践参与的过程中,教师能够反思自己的理论知识与实践能力,发现自己的优势和不足。因此,参与成为教师共同体的特征之一。同时,成员通过与共同体之间的交流、分享、切磋、讨论、争辩、斡旋来建构自己的认知体系及培养对共同体的情感,从而获得个人发展的经验,因此,教师共同体本身也是一种学习方式。另外,成员在共同体中的实践和参与也是其形成专业身份认同感的有效途径。

三、教师协同发展共同体的理念

如前所述,"师元讲堂"教师共同体的建立是基于世界和我国教师教育改革发展的趋势、西南大学承担项目的驱动以及为了解决当前高校教师教育师资队伍建设方面存在的主要问题。结合这些政策趋势、项目要求以及主要问题,西南大学提出以"三化一性"作为"师元讲堂"教师共同体建设的核心理念,以优化当前教师教育师资队伍的结构,提高教师教育师资队伍的质量。"三化"是指一体化、专业化、终身化;"一性"是指共生性。

(一)一体化发展理念

教师教育一体化是我国教师教育转型发展的时代方向。教师教育一体化的具体内容包括教师教育观念一体化、教师教育机构一体化、教师教育目标与内容一体化、教师教育管理一体化和教师教育者一体化。可见,一体化的教师教育师资队伍是教师教育一体化的重要内容。因此,"师元讲堂"教师共同体的建设必然要将"一体化"作为其核心理念之一。

教师教育师资队伍建设的一体化,在时间维度上意味着要统整职前培养教师、新教师入职的指导教师和在职教师的培训教师三个阶段的教师教育者,意味着教师教育队伍建设要突破一次性服务的观念,将教师教育师资队伍建设的理念和行动延伸到教师职后发展的各个阶段,促使各个阶段逐步形成一批学术水平较高,精通师训、干训工作的专家型学术骨干,使一些学历高、科研能力强、发展后劲足的优秀中青年教师在培训的舞台上展示身手,成为充满希望的、有生气的力量。

教师教育师资队伍建设的一体化,在空间维度上意味着要统整来自高等院校、地方政府、教研机构和中小学的学科教育教师、教育理论工作者、教研员、教研组长和学科带头人、教学名师以及其他的教师培训者等。各类教师相互借鉴,取长补短。例如,在教师的职前培养阶段,一大批具有丰富教学经验的高资历教师走进师范生的课堂,不仅能提高师范生的专业素养,也可以提高师范生的教学实践能力;在教师的职后培训阶段,许多优秀的师范学院专业教师为培训班开课,介绍本专业的发展前景,拓展中小学教师的知识面。

此外,教师教育师资队伍建设的一体化,在更深层次维度上,还意味着统整不同的文化。例如,大学教师往往追问"是什么"以及"为什么"的问题,这是一种价值取向的文化;而中小学教师则更关注"做什么"和"如何做"的问题,这是一种教育现场事实情境中的文化。不同文化的相互交流与融合,可以促使不同教师教育群体共同探讨教育教学中的理论问题和实践问题,集思广益,实现教学相长。

总的来说,在教师教育师资队伍一体化统整的过程中,要体现全局观念、整体设计、阶段目标、共生互促、协同发展。

(二)专业化发展理念

教师教育专业化和教师专业发展是世界教师教育改革与发展的重要趋势,是我国教师教育改革与发展的基本方向,也是教师教育一体化的核心理念。要实现教师教育专业化,就需要建立一支强大的教师教育专业团队,而教师教育专业团队建设的一个重要任务,就是加强教师教育师资队伍的专业性,形成专业性的教师教育师资队伍。这里的"专业性"有两个维度、4层含义。

从教师教育者个体而言,既包括自身专业素质的提升和专业实践的改进,又包括个人职业阶梯的上升和各种专业荣誉的获得等;从教师教育者群体而言,既包括制定并确立教师教育者的资格标准和任职制度,又包括教师教育者专业属性的明确、社会地位的提高等。

对教师教育者个体的内部而言,是教师教育者自身专业素质的提升和专业实践的改进。专业素质包括专业情感、专业知识和专业技能。在这些专业素质中,"实践性"是最基本的要求。国际劳工组织和联合国教科文组织在《关于教师地位的建议》中提出,教师教育机构中教授教育科目的工作人员应具有在学校教学的经验,并且在可能的情况下应通过借调到学校从事教学工作定期更新这一经验。对于教师教育者个体的外部而言,是其个人职业阶梯的上升和各种专业荣誉的获得。德国作家席勒(Schiller)曾说:"还有比生命更重要的,那就是荣誉。"教师教育者个体会因意识到外界的肯定和褒奖而产生荣誉感,这些荣誉会对教师教育者的专业化产生导向和激励作用。对于教师教育者群体内部而言,是制定并确立教师教育者的资格标准和认证制度。"师元讲堂"教师共同体建立的目标和任务之一就是明确教师教育者的资格,完善教师教育者的分类管理和考核评价办法。对于教师教育群体外部而言,是教师教育者专业属性得以明确、社会地位有所提高。教师教育者的专业属性不是学术取向的。学术取向的教师教育者只能是教育学者,却不能被称为专业的教师教育者。专业的教师教育者是以基础教育学校职业实践为取向的,教师教育者的专业属性就在于其实践性。一言以蔽之,"专业的教师教育者,是以教师专业教育为中心的教师教育制度的实践者。专业的教师教育者团队,是师范教育后教师教育制度的实践基础"①。

(三)终身化发展理念

终身化是所有教育活动的基本理念,也是教师教育工作创造性和引领性的基本要求。强调"师元讲堂"教师共同体建设的终身化,一方面是由于教师教育者个人的发展应是终身性的。一是作为社会个体,教师教育者应保持终身学习的能力。这是知识爆炸时代对所有社会公民提出的基本要求。将学习仅仅局限为在学校中的学习已经不再恰当,凭借某种固定的知识和技能就能度过一生的观念也早已过时。今天,无论是一个人、一个团体,还是一个民族、一个社会,只有不断学习,才能获得新知,增长才干,跟上时代。二是作为教师的教师,其服务对象的专业成长是终身性的,这也要求教师教育者的专业成长也应该是终身性的。国际教师教育研究早已表明,教师的专业成长是一种连续性的过程,从教师的学生时代开始,一直持续到其职业生涯结束。在这一过程中,教师的专业成长是不会停止的。另一方面,"师元讲堂"教师共同体的建设在本质上也是建立一种鼓励全员终身学习的学习型组织。所谓学习型组织,是指能够设法使各阶层人员全心投入,并有能力终身学习的组织。美国麻省理工学院教授彼得·圣吉(Peter M. Senge)指出,学习型组织需要加强五项修炼。第一项修炼:自我超越。它是组织成员学习不断厘清并加深个人的真正愿望,集中精力,培养耐心,全心投入,不断创造和超越,是一种真正的终身学习。第二项修炼:改善心智模式。心智模式是人原本固有的刻板印象。它鼓励组织成员转向自身,发掘并审视内心世界的图像,以及有效地表达自己的观点,并以开放的心灵容纳别人的想法,从而改变已有的偏见。第三项修炼:建立共同愿景,即形成一种共同的目标、价值观和使命。第四项

---

① 李学农,张清雅.教师教育世纪转型与发展[M].南京:南京师范大学出版社,2014:230.

修炼:团队学习,即共同学习、集体思考。团队从深度会谈开始,学习的基本单位不是个人而是团体。第五项修炼:系统思考。它要求管理者以简驭繁,在动态复杂中思考问题,并且整体架构和整体结合前四项修炼。①这就要求"师元讲堂"教师共同体在建设的过程中,鼓励每一位教师教育者不断学习,以终身学习促进终身专业成长;同时,从教师教育政策、教师教育制度、共同体文化建设、学习型组织建设等方面,为教师共同体的持续发展提供各种支持性保障条件。

(四)共生性发展理念

"共生"(symbiosis)一开始是一个生物学概念,最早由生物学家德贝里(Anton de Bery)于1879年提出。在生物学领域,共生是指不同类别的生物紧密地生长和生活在一起的关系。合作者在共生的样态下,彼此间提供群体生存的帮助,体现出个体或群体相互依存、协同合作和互惠共生的生态特质,协同适应和应对多变复杂的生存环境。就一个生态系统而言,共生包含三大要素:共生单元、共生模式和共生环境。共生就是共生单元之间在一定的共生环境中按某种共生模式而形成的生态关系。②20世纪五六十年代,共生的思想和概念逐步被人类学家、社会学家、经济学家甚至政治学家所借鉴和吸取,并逐步成为指导各自领域可持续发展问题研究的重要思想武器。

共生的思想为构建"师元讲堂"教师共同体提供了可以借鉴的理念及框架,尤其是共生单元、共生模式和共生环境给系统带来的协作共生的品质。这与"师元讲堂"教师共同体所建构的动因和目标指向是耦合的。因此,建构"师元讲堂"教师共同体,首先是保障其基本构成单元,即来自高等院校、地方政府、教研机构和中小学的学科教育教师、教育理论工作者、教研员、教研组长和学科带头人、教学名师以及其他的教师培训者等,是一种共生的存在。

---

① 彼得·圣吉.第五项修炼——学习型组织的艺术与实务[M].郭进隆,译.上海:上海三联书店,2002:6-11.

② 袁纯清.共生理论——兼论小型经济[M].北京:经济科学出版社,1998:9.

这要求上述多元的主体有一种共同体的意识，形成共同体的主体意识，改变"理论高于实践""理论指导实践""大学教师指导中小学教师"或"地方政府命令其他主体"等对立思维。各主体在职能或具体任务上可能有所不同，但地位是平等的，他们都是共同体的主体。其次是促使互利互惠、相互依存的共生关系的生成。共同体成员因分工和协作而形成一定的关系，这种关系应该是信任的而不是拒绝的，是主动参与的而不是被动接受的，是双向扁平网状性的而不是单向垂直线性的。最后，只有开放性、接纳性的共同体环境才能生成一种共生的共同体关系。这就需要营造一种共同体文化，创设信任环境，增加共生单元之间多向交流的平台，从而促使共生单元从机械结合走向有机团结，从"硬造合作"走向主动合作和持续合作。

四、教师协同发展共同体的制度

制度可以被理解为共同体中每一位成员遵循他们彼此之间的约定，遵从他们相互协商、讨论而达成的契约或规则。制度能够对共同体成员行动的边界和空间进行限制，也能够形成一种秩序，保障人们在合作中相互关系的协调发展，将合作的阻力降到最小。因此。要建设一体化、专业化、终身化和共生性的教师教育师资队伍，就需要为"师元讲堂"教师共同体制定相应的规则和规范。这些规则和规范是由地方政府牵头，高等院校和教师培训机构参与，在广泛听取一线中小学教师意见的基础上，协商制定的，主要有学科教育教师的引入与培养制度、教师教育类课程教师双聘双证制度、学科教学教师实验区挂职制度、教师教育创新实验区导师制度、实验区中小学教师进修研修制度、教师教育资源平台建设制度等。

（一）教师培养制度

为了解决高校学科教育教师数量不足、质量不高的问题，西南大学实施教师教育人才引进的"聚贤工程"、在职人才培育的"英才工程"和硕博连读的"定向培养计划"，其目的是引入和培养大批学科教育教师。

1.人才引进的"聚贤工程"

"聚贤工程"包括：①重点人才引进计划——结合国家和地方海外高层次人才引进计划等各类重要引才计划，大力引进海内外高层次人才。②后备人才补充计划——积极补充海内外有发展潜力的优秀博士（博士后），实现师资队伍总量目标；积极扩展全职博士后规模，选拔优秀博士后作为科研力量补充。③著名学者聘用计划——根据重点平台建设等需要，聘用海内外高校知名学者来校工作、合作科研、讲学、指导青年教师及研究生，促进师资队伍国际化建设，指引青年教师成长。④学术团队引进计划——积极引进海内外优秀学术团队，形成优势学科群和交叉学科群。共同体将引进学科教育博士列入教学科研岗位需求计划，积极引进具有博士学位的教师教育师资，在职、定向委托培养博士，选派教师教育专任教师到国内外著名高校访学、进修、学习。

2.人才培育的"英才工程"

"英才工程"主要围绕重点学科、优势学科和特色学科建设，切实加大现有人才培养力度，造就一批高层次领军人才，培养一批优秀学术带头人，培育若干青年骨干教师，打造若干教学科研创新团队。"英才工程"包括：①杰出人才资助计划——加大对学科领军人才、学术带头人等的支持力度，重点资助其通过学术休假、国际学术会议等方式参与国际一流水平的学术交流与合作，提升其国际竞争力，切实造就在海内外具有突出创新能力、在本学科领域取得国内外同行公认突出学术成就的学科领军人才。②优秀人才支持计划——积极支持优秀人才赴海内外著名大学和科研机构访问交流，重点支持其争取国家公派出国留学项目等,培养一批有国际学术视野、创新能力强、学术水平高的学术带头人。③后备人才培育计划——支持青年教师赴海内外著名大学和科研机构学习进修,重点资助青年教师赴海外一流学校、一流学科、师从一流导师攻读本专业或相关专业博士学位;积极营造良好的发展空间与学术氛围,鼓励其努力提升自身学历水平和教学科研水平;培养一大批学术基础扎实、有发展潜力的青年骨干教师。④团队队伍建设计划——大力促进教学科研团队队伍的建设和培养,对国家创新研究群体、教育部创新团队和国家级教学团队的教师,同等情况下优先给予培养资助;围绕优势学科和特色学科,培育若干科研创新团队和教学创新团队,为其团队队伍建设创造有利条件,促使其提升实力。

近年来,共同体对学科教育教师进行了树立现代教育观念、改进教学方法、把握基础教育发展需求等方面的培训,先后组织教师赴英国伦敦大学、美国哥伦比亚大学、加拿大多伦多大学、澳大利亚悉尼大学、中国香港大学和香港教育大学等高校学习考察,组织开展对教师教育师资的在职培训。

3.硕博连读的"定向培养计划"

硕博连读的"定向培养计划"是选择第一学历为"985"或"211"大学全日制本科毕业生、本科与硕士专业为中文、数学、外语、物理、化学、生物、地理、历史、音乐、美术、体育、心理、计算机等纯基础学科硕士二年级研究生,经考核面试合格后,作为学校相关学院学科教育师资定向培养。学校与其签订定向培养合同,经校内培养、中小学实习、国内外重点大学联合培养等多个阶段的培养,取得博士学位后留校任教。

(二)教师双聘制度

实施教师教育类课程教师双聘双证制度的主要目的是有效吸引一线的优秀教师参与到教师的培养培训中来,壮大教师教育者队伍,使教师教育过程与一线教育实际更加吻合。为此,共同体制定了《教师教育类课程教师双

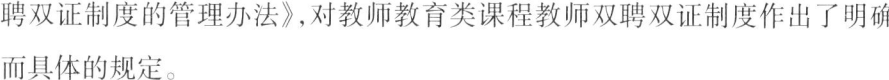

聘双证制度的管理办法》,对教师教育类课程教师双聘双证制度作出了明确而具体的规定。

1.实施目的

西南大学与中小学实行教师互派双聘双证制度,即学校有计划地选派优秀学科教育教师到实验区中小学挂职科研副校长或学科教师,同时聘请实验区优秀中小学教师担任高校学科教育兼职教授,并颁发相应聘书和证书。实施这一制度的目的在于进一步推进高校师范生人才培养模式改革,深化教师教育职前职后一体化培养体系创新与改革实践,促进教师职后专业发展。

2.聘任程序

西南大学根据师范生培养工作、学科教育教师队伍建设和实验区发展工作需要,确定互派教师数量。到实验区中小学挂职的科研副校长或学科教师在我校学科教育教师中聘选,由符合条件的学科教育教师申请,经任职学院推荐,学校教师教育工作领导小组审批并报挂职学校,由挂职中小学颁发聘书。我校学科教育教师每5年到实验区中小学挂职科研副校长或学科教师累计不少于1年时间,并将此纳入职称评审相应细则中。我校的学科教育兼职教授主要在国家教师教育创新实验区中选聘,由符合条件的优秀教师本人申请,任职单位推荐,学校教师教育工作领导小组审定并报学校批准后,由学校颁发聘书。实验区中小学挂职科研副校长或学科教师聘期按实际挂职时间确定,高校学科教育兼职教授聘期为3年,因工作需要可以续聘。

3.聘任条件

实验区挂职科研副校长应至少具备以下条件:副教授及其以上职称;具有博士学位。

实验区挂职学科教师应至少具备以下条件之一:讲师及其以上职称;具有博士学位;具有研究生学历或硕士学位,担任助教(实习研究员)职务2年以上;主持省级以上教改项目至少1项。

学科教育兼职教授应至少具备以下条件之一:中学研究员职称;特级教师;省市级学科带头人;省市级名师。

4.基本职责

实验区挂职科研副校长的基本职责:指导师范生实习;承担一定的中小学课堂教学任务;参与实验区中小学教育改革、教育研究活动;定期为实验区教师举办学术讲座;组织中小学教师申报各类教研课题。

实验区挂职学科教师的基本职责:指导师范生实习;至少承担一学期的中小学课堂教学任务;参与实验区中小学教育改革、教育研究活动。

学科教育兼职教授的基本职责:承担师范生学科教育课程教学任务;定期为师范生举行学术讲座;指导师范生实习;指导师范生毕业论文(作品、设计);参与师范生教学技能测评;参与相关教学改革、教学研究活动。

5.待遇和权利

实验区挂职科研副校长与学科教师的待遇和基本权利:学科教育教师挂职科研副校长或学科教师期间的工作纳入学校绩效考核;学科教育教师挂职科研副校长或学科教师期间的食宿、差旅费参照学校有关规定据实报销;学科教育教师挂职科研副校长或学科教师期间的食宿补贴按照学校相关规定执行。

学科教育兼职教授的待遇和基本权利:学科教育兼职教授来我校开展相关工作,其食宿、差旅费参照学校有关规定据实报销;学科教育兼职教授的劳务酬金,根据其所承担的工作量和有关文件规定的标准据实核发;学科教育兼职教授在聘任期间参与西南大学内相关课题研究,以第一署名单位获得的教学科研成果,符合西南大学教学科研奖励办法的,由西南大学给予相应奖励。

6.考核与管理

第一,双聘人员实行双重管理,以接收学校为主,派出学校为辅。学校定期对双聘人员的师德情况、教育教学实绩、工作表现等进行实地考核。第二，实行双聘人员工作情况定期汇报制度。双聘人员定期向学校汇报工作和任务完成情况，所报材料均须所在学校加盖公章。第三，实行双聘人员工作情况定期公示制度。定期在挂职任教学校和原学校范围内公示双聘人员工作和任务完成情况。第四，挂职任教人员应遵守所在学校的各项规定，积极发挥模范带头作用，按时高质量完成工作任务。对因特殊原因不能完成工作任务的，由本人提出申请，可延长交流时间。

（三）教师挂职锻炼制度

为了积极响应国家关于教育体制改革的号召，贯彻落实教育部《关于全面提高高等教育质量的若干意见》文件精神，深化全校师范生本科教学改革，构建教师教育职前职后一体化人才培养体制，促进我校师范教育的发展，特制定《西南大学学科教育教师实验区挂职制度》。学科教育教师挂职锻炼制度主要针对高校教师由于自身工作特点，难以深入了解一线教师的专业发展需求而建立，主要是为了使其深入中小学、教研机构、企事业单位和教育行政部门兼职任教、挂职实践。《西南大学学科教育教师实验区挂职制度》对学科教育教师挂职锻炼作出了明确而具体的规定。

1.目的与意义

选派学科教育教师到实验区中学挂职锻炼，是学科教育教师熟悉和适应中学课程改革的重要途径，有助于完善我校教师教育专业的课程体系和实践教学体系，提高师范生的培养质量。

选派学科教育教师到实验区中学挂职锻炼，是学科教育教师深入教学现场，向中学教师传播先进教育理念，切实指导中学教育教学改革，有效促进中学教师的专业发展，推进课程改革的重要举措。

2.原则与程序

按照"基于青年、个人申请、按需派遣、重点培养、互惠发展"的基本精神，原则上安排全校学科教育教师(40岁以下)每隔3~5年就要轮流到实验区中学挂职锻炼。教师教育学院每年6月、12月做好下一学期挂职单位的联系工作,并向各学院公布下学期挂职单位的信息,各学院根据挂职单位的要求,在符合选派条件的教师中确定选派人员。经教务处、人事处审核后,报学院院长办公会研究决定选派人员。

3.选派条件

在各学院确定选派人员的基础上,学校将有计划、分批次地统筹安排学科教育教师到实验区中学挂职锻炼。各学院要鼓励学科教育教师自愿申请,并优先选择思想政治素质好、业务能力强、专业技术水平突出,具有强烈的事业心和责任感,有较强的组织、协调和沟通能力,能独立承担学科教学与科研工作的学科教育教师赴实验区中学挂职锻炼。

4.挂职要求

挂职期间,学科教育教师应独立承担相应科目一学期的日常教学工作,积极参与集体备课、课业辅导、班级管理等活动;积极参加挂职学校的教研活动,并承担挂职学校的示范课、公开课等活动;积极指导挂职学校教师的课堂教学,为挂职学校开展专题讲座。

5.待遇保障

第一,挂职教师在挂职期间,工资、校内津贴、福利、评优评奖、职称评定等与校内其他教师享有同等待遇。在挂职学校承担的课程按实际课时数的1.5倍计入校内工作量。第二,教师完成挂职锻炼一个阶段并经学校相关部门、挂职所在学校考核为合格及以上的等级,作为专任教师学年度考核优秀、调升待遇和专业技术职务晋升的必备条件。第三,教师在挂职锻炼期间,不再承担校内的教学工作。第四,在市区内挂职的教师,学校一次性发放5000元/学期的生活、交通补贴;在市区外挂职的教师,学校一次性发放10000元/学期的生活补贴,往返挂职学校的交通费每月报销一次,共5次。如果挂职学校未提供住宿,教师可在挂职学校周边租房住宿,学校按每月800元给予补贴。挂职期间产生的医疗费用按学校有关规定执行。

6.组织管理

第一,挂职教师的人事隶属关系不变,教师教育学院负责挂职教师的宏观管理,会同挂职学校、教务处和相关教学单位对挂职教师进行双重管理。第二,挂职教师应在规定的时间内到挂职单位报到并接受工作,遵守挂职学校的规章制度,并按规定完成挂职任务。对不服从安排、无故旷工、违纪违规者,按学校相关规定处理。第三,挂职教师任职结束后形成书面考核鉴定材料,存入本人档案,作为其职称评聘、职务晋升的重要依据。第四,在教师挂职期间,各学院应与挂职教师保持经常性联系,帮助他们解决工作、生活中的实际困难。

(四)导师指导制度

教师教育创新实验区导师的任职条件主要是针对参与职后教师培训的导师,即依据研修任务,聘任若干位高校教师担任理论导师,聘任若干位中小学名师或优秀教研员担任实践导师。

1.理论导师

理论导师从西南大学教师中选聘,需要具备以下条件:热爱教育事业,具有良好的职业道德,有较强的工作责任心,为人师表,关心学员的成长;有较高的学术造诣和丰富的科研工作经验,及时掌握本学科的前沿领域及发展趋势,能独立主持创造性的研究工作;具有副教授及以上(或相当职称)专业技术职务,任职3年以上。

理论导师的具体职责包括:根据学员各方面的情况对其发展方向提出指导意见,帮助学员制订1份切实可行的个性化培养方案,并指导实施;精心指导学员的理论学习,为学员开出必读书单,每学期至少3本,并参与学员的读书汇报会或评议学员的书面读书报告;针对学员的专业发展,聚焦问题,会同学员制订行动研究方案,并对其行动研究的全过程给予指导;参与指导学员撰写《名师成长之路——教师专业发展行动研究个案》,对所负责的小组文章进行反复修订;对学员进行系统、严格的科研训练,着力培养学员的科学素养、创新能力和实践能力;鼓励、指导学员开展独立性、创造性的科研工作,至少主持或主研1项区级及以上科研课题,吸收学员参与导师个人负责的1项相关课题研究工作。

2.实践导师

实践导师从中小学名师或优秀教研员中选聘,需要具备以下条件:具有崇高的职业理想和坚定的职业信念,长期工作在教育教学第一线,教书育人成果突出;深入系统地掌握所教学科课程体系和专业知识,教育教学业绩卓著,教学艺术精湛,形成独到的教学风格;具有主持和指导教育教学研究的能力,在教育思想、课程改革、教学方法等方面取得创造性成果,并广泛运用于教学实践;在指导和培养教师方面做出突出贡献,在本教学领域享有较高的知名度,是同行公认的教育教学专家。

实践导师的具体职责包括:指导学员上好研究课、公开课、汇报课和进行教学反思、教学案例分析,每学期指导学员诊断课不少于2节,指导学员上汇报课不少于1节,每学期至少为每位学员写出1次课堂教学诊断分析;安排小组学员听课、评课、说课,组织学员参与相关教学研讨活动(如听课诊断、师徒同课异构等);指导学员对学科知识内容进行融合与贯通,完成本学科知识结构梳理;帮助学员确立阶段性目标,指导学员开展教育教学研究及进行教育教学经验的积累与提炼;作为学员小组行动研究的成员,全程参与学员行动研究的方案设计、过程运行、成果形成;指导学员在区域内至少开展1次公开专题讲座。

3.导师的选聘

导师的配备采取师范生选择或研修项目组委派的方式进行,研修项目组择期逐步实行导师和师范生的"双向选择"。导师的选聘在学员报到前的一个月内完成。研修项目组实行全程导师制,聘任后原则上不予调整。确有特殊情况需要调整的需提交书面申请,由研修项目小组讨论后决定。

4.导师的职责

导师履行日常管理职责,包括:平时必须与学员保持畅通的联系,保证学员可以通过座谈、定期会面、电话联系、网上交流等方法与导师就专业成长问题取得联系;采取个别指导与集体指导相结合的工作原则,每学期导师除了以各种方式对学员进行个别指导外,对学员进行有主题的集中指导不少于2次;做好学员的管理和考核工作,学员每学期末提交1份学习总结,由导师对学员的学习情况做出考核鉴定,审定每位学员的发展计划,提交学员考核表;定期向导师工作领导小组反映学员的学习情况,每学期初提交1份导师工作计划,学期末提交1份导师工作总结和各项工作记录。

(五)教师进修制度

实验区中小学教师进修制度,也可以称为区域性教师进修研修制度或校级教师进修研修制度。共同体出台了《实验区中小学教师进修研修制度》,对实验区中小学教师进修研修作出了明确而具体的规定。

1.基本形式

实验区中小学教师进修的内容主要包括:思想政治教育、师德修养和教育法规培训;学科专业知识扩展和更新;现代教育科学理论学习、教学科研与实践;教育教学能力培养和技能训练;现代科技知识的普及等。

实验区教师的进修主要以能力提升培训与学历提升培训两种模式为主,其中在能力提升培训中,将对不同层级的教师(新任教师、普通教师、骨干教师、教学名师、未来教育家)采用不同的培训模式。①新任教师培训:任职在3年以内的实验区新任教师,须在试用期内参加以培养教育教学实践能力为主的培训。其中师范类毕业生的进修时间应不少于60学时,非师范类毕业生的进修时间应不少于120学时。②普通教师培训:选派实验区普通教师参加以提高教育教学实践能力为主的培训,每位学员的培训时间每5年累计不少于300学时,其中每年不少于50学时。③骨干教师培训:选派实验区中青年骨干教师参加以提高教育教学实践能力和教学科研能力(侧重于教育教学实践能力)为主的培训,每位学员的培训时间每5年累计不少于350学时,其中每年不少于60学时。④教学名师培训:选派实验区区级以上教学名师参加以提高教育教学实践能力和教学科研能力为主(侧重于教学科研能力)的培训,每位学员的培训时间每5年累计不少于400学时,其中每年不少于70学时。⑤未来教育家培训:选派实验区市级以上教学名师参加以提高教学科研能力为主的专题培训,每位学员的培训时间每5年累计不少于500学时,其中每年不少于80学时。另外,实验区所有教师,均可以参加提高学历层次的培训。

2.组织管理

中小学教师的进修培训由市、区教育局统筹规划和管理。其他部门举办涉及教师的培训,必须经教育行政部门统筹安排,以保证学校正常的教学秩序。市、区教育局在上级教育行政部门的指导下,具体负责以下事项:制定中小学教师进修的有关政策与规定;建设与完善教师培训基地及培训网络;监督、指导教师进修工作;筹集与落实教师进修经费;组织实施教师进修计划,定期召开师资工作会议,部署、检查和总结中小学教师进修工作。实验区教师进修培训以西南大学为主要基地,西南大学全面负责为实验区教师制定培训规划、设计培训方案、组建教学团队、承担培训任务、制定考核标准。各实验学校应有计划地安排教师参加本校组织的业务学习,积极开展校内多种形式的教师进修培训活动。

3.条件保障

实验区中小学教师进修经费以政府财政拨款为主,教师人均进修经费标准不低于中小学教师工资总额的2%,在教育事业费的职工教育经费中专项列支。经教育行政部门和学校批准参加继续教育的中小学教师,学习期间享受国家规定的工资福利待遇。学费、差旅费按各地有关规定支付。西南大学要组建高水平的专家团队,在与实验区教育行政部门反复磋商的基础上,制定科学合理、针对性强的培训方案,切实保障教师进修研修的有效性。

4.考核评价

实验区教育行政部门要建立中小学教师进修研修考核和成绩登记制度。考核成绩作为教师职务聘任、晋级的重要依据。为通过相应水平等级考核的教师颁发教师水平等级证书(共5级),为通过相关学历水平考试的教师颁发学历和学位证书。实验区教育行政部门要对中小学教师进修研修中成绩优异的单位和个人予以表彰和奖励;对违反规定,无正当理由拒不参加教师进修研修的教师,或研修期间不遵守相关纪律者,视情节轻重按相关规定处理。

(六)资源平台建设制度

教师教育资源平台既是四方教师教育资源共享的平台,也是四方教师教育者交流与互动的平台。为了明确教师教育优质资源平台建设机构及人员的工作职责,按照《西南大学教师教育优质资源平台建设项目任务书》的相关要求,学校制定了《西南大学教师教育优质资源平台建设方案》《西南大学教师教育优质资源平台建设实施计划》《西南大学教师教育优质资源平台管理人员工作职责》等制度,进一步明确了教师教育优质资源平台建设团队的工作职责和具体分工。

教师教育优质资源平台建设工作的整体规划和建设方案由教师教育学院组织专家研讨后,拟定《西南大学教师教育优质资源平台建设需求报告》,提交领导小组,审定通过后形成《西南大学教师教育优质资源平台建设方案》,由技术小组负责具体实施,形成《西南大学教师教育优质资源平台建设实施计划》,并整合校内相关机构部门,协同校外相关合作单位,签订西南大学教师教育优质资源平台建设项目合同,参与项目的具体建设和实施。教师教育学院还负责明确校内参与机构与校外协同单位的具体职责,整合校内外优质资源,共同参与教师教育优质资源平台的协同共建。

五、教师协同发展共同体的实施成效

"师元讲堂"教师共同体的建设较好地实现了教师教育创新实验区中教育体制机制的良性互动和协同效应,不仅发挥了其教师培养与培训、教育教学研究、区域教育规划和教育资源共享等各种职能,而且改善了教师教育师资队伍原本的质量问题和结构问题,形成了教师教育改革的系列物化成果。正是这些实践成果,使学校获得了多项教育部教师队伍建设示范项目。这些都是"师元讲堂"教师共同体建设所带来的积极效应。

(一)提升了教师教育师资队伍的整体质量

自"师元讲堂"教师共同体形成以来,西南大学教师教育师资队伍建设的质量明显提高,具体表现在两个方面:第一,教师教育师资队伍的整体结构相对合理。从学历结构来看,教师教育师资团队中具有博士学位的教师占总人数的85%。从职称结构来看,教师教育师资团队中具有高级职称的教师占总人数的5%。从年龄结构来看,教师教育师资团队以中青年教师为主,40岁以下的教师占总人数的73%。第二,学科教育教师素质显著提高。他们不仅在各级期刊上发表了相关论文,公开出版了教材,参与建设了国家级精品课程,而且承担了各级各类教改科研项目,形成了一批教学名师和优秀教学团队。

(二)产出了教师教育改革系列成果

基于共同体的共同行动,"师元讲堂"教师教育研究团队凝练和分享了协作建设与改革的经验,并进一步取得了系列物化成果。一是形成了系列文章。2013年8月,《教育研究》杂志以"教师教育发展理论探索与实践创新"系列笔谈的方式刊登了学校教师教育相关研究文章4篇:《教师教育一体化的内涵与实现路径》《教师教育一体化课程体系及其实施保障》《教师专业能力训练的体系构建与教学探索》《教师教育协同机制的创建与实践》。除了《教育研究》,其他期刊也刊登了相关主题的众多文章。二是得到重要媒体和报刊等的报道。例如,2013年4月和11月,教育部单篇简报分别以"西南大学着力加强免费师范生教育 以'中国梦'引领'教师梦'"和"西南大学积极推进教师教育职前职后一体化创新实践"为题报道了学校教师教育体制机制创新模式及示范作用;2013年5月,《中国教育报》以"西南大学:师之梦从这里开始,师之路从这里启航"为题报道了学校坚定师范生从教理想信念教育的系列成果;2013年9月,《光明日报》《人民日报》《中国教育报》以及国内30多家主流媒体相继对学校和重庆市渝中区人民政府共建高水平的教师教育一体化创新实验区,建构校地一体、连贯系统的教师教育新体制,创新教师培养和教师专业发展的新方式和好做法进行了推广。

(三)形成了教师队伍建设示范项目

为深入实施科教兴国战略和人才强国战略,进一步加强教师队伍建设,推动和引领各地全面落实全国教师工作会议以及《国务院关于加强教师队伍建设的意见》精神,教育部教师司发布了《关于实施教师队伍建设示范项目的通知》,遴选部分地区和高校实施45类教师队伍建设示范项目,并对立项项目建立中期检查制度、动态调整制度以及奖励激励机制,对于推进有力、成效显著、示范作用突出的示范项目,给予一定支持。学校组织申报的3个项目全部获准教师队伍建设改革试点项目立项,这是继学校牵头承担国家教育体制改革试点项目"构建教师教育职前职后一体化人才培养体制"以来,再次获得教育部项目立项资助。获准的3个项目分别是:"实施卓越教师培养计划,深入推进教师培养模式改革"入选"卓越教师培养计划"示范项目;"师范生教学能力训练课程体系及其资源平台建设研究"入选"专业和课程改革"示范项目;

"优秀中小学教师兼任高师院校教师教育类课程教师的管理与评价机制"入选"教师教育师资队伍建设"示范项目。学校高度重视示范项目的组织实施工作,专门成立项目实施工作小组,在原申报书基础上修改完善实施方案,进一步明确工作目标、工作举措、配套政策和保障条件等,并严格按照《教师队伍建设示范项目实施管理办法》的要求,拟定项目实施方案、工作计划、进度安排等,并提交学校教师教育领导小组审核,以确保项目实施组织到位、人员到位、经费到位、保障到位,推动示范项目科学、高效、有序开展。

第五章 创新教育实习协同发展模式

党的十九大报告指出:"建设教育强国是中华民族伟大复兴的基础工程,必须把教育事业放在优先位置,深化教育改革,加快教育现代化,办好人民满意的教育……加强师德师风建设,培养高素质教师队伍。"而教育实习是教师培养的重要组成部分,是师范生深入真实的教育环境,在充分体验教育教学工作的基础上,逐步形成良好的师德修养、更好地理解教育教学知识、掌握必要的教育教学技能的重要举措,是培养高素质、专业化中小学教师的前提。

一、教育实习改革发展的演进历程

(一)教育实习的初步探索

新中国成立以来,我国政府高度重视师范生的培养,早在1950年教育部颁布的《北京师范大学暂行规程》中,就对师范大学的办学规定、教学原则等作出了明确规定,这是新中国师范教育的开端。

1952年,教育部颁布的《关于高等师范学校的规定(草案)》中强调了参观与实习是师范教育教学计划的重要组成部分,并将参观与实习分为平时参观、见习、定期集中参观、实习四部分。《师范学校暂行规程(草案)》中进一步规定,师范学校的参观实习要从第二学年第一学期开始,一直持续到第二学年末期,其中第二学年的参观实习每周1学时,第三学年的参观实习每周2学时,共计100学时。1953年,为了进一步巩固师范教育的内容和方法,提高教学质量,《教育部关于试行师范专科学校教学计划(草案)的通知》中强调,教育见习是结合教育学所进行的不脱离学习的教育实习,每周2小时。教学进程表中规定的在第四学期的课后考前有为期4周的教育实习,是师范生脱离学习集中到指定地点所进行的教育实习。1954年,教育部颁布新修订的师院、师专暂行教学计划,规定本科教育实习增加到12周,约占四年教学总时数的12%;专科实习4周,约占两年教学总时数的6.5%。[①]1957年,为了克服教育实习中的形式主义,切实提高实习质量,教育部颁布了《高等师范学校教育实习暂行大纲》,该大纲包括《师范专科学校教育实习暂行大纲》和《师范学院各系三、四年级教育实习暂行大纲》两部分。该文件是新中国第一个有关教

[①] 姚成荣.变革的历程与历史的启示——对当代中国高师教育实习的回顾与思考[J].高等师范教育研究,1993(1):15-21,40.

育实习的纲要文件,对教育实习做了全方位的规定。其中,实习内容主要包括:熟悉实习学校的工作;观摩课堂教学和教育活动;试教与听课;实习课堂教学和课外活动;实习班主任工作;写实习日记,作实习报告等。1961年召开的全国师范教育工作会议,进一步肯定了师范学校是培养教师的主阵地,并就教师教育课程的安排达成了共识,认为高师的教育课程应占总课时比重的5%左右,实习时间为6周左右。

这一时期的政策文件不仅强调了教育实习在教师教育中的重要作用,更重要的是,明确了教育实习的类型、目的、任务与时间安排,并将班主任工作作为教育实习的重要组成部分,从而扩大了教育实习的内涵。

(二)教育实习的改革调整

"文革"期间,师范教育受到严重破坏,绝大部分师范院校被迫停办、撤销或合并,相应的教育课程也被取消,各级师范院校的工作基本处于停滞状态。

改革开放以来,党和国家及时调整教师教育政策,先后颁布了《关于加强和发展师范教育的意见》(1978)和《关于大力办好高等师范专科学校的意见》(1980)等政策文件,要求大力发展和办好师范教育,认真办好现有师范学院(师范大学),有计划、有步骤地新建若干师范学院,高度重视师范生的见习、实习工作,把教育见习、实习作为培养合格初中教师的重要环节,在有条件的师专建立附中,并把它办成教育实验和实习的场所。[1]此后,教育部又颁布了四年制本科文科三个专业的教学计划(1981)和二、三年制专科文理科十个专业的教学计划(1982),提出师范生的教育实习要以课堂教学为主,师范生在实习期间应承担一定的班主任工作,并对师范生的实习时间做了相应安排,其中二年制专科为4周,三年制专科和四年制本科为6周。在国家政策的引领下,师范院校基本恢复了传统的集中实习模式。

1986年,为了贯彻《中共中央关于教育体制改革的决定》,国家教委印发

---

① 苏林,张贵新.中国师范教育十五年[M].长春:东北师范大学出版社,1996:42.

了《关于加强和发展师范教育的意见》，要求把师范教育提到发展教育事业的战略地位上。尤其是针对当时教育学、心理学、学科教学法课程脱离实际的现状，提出要加强教学的针对性和时效性，"建立稳定的实习基地和实习点，增加实习时间，认真总结教育实践的规律，完善实习制度"，"建设好师范的附中、附小和附属幼儿园，以提供必要的实习和开展教育研究、教育试验的场所"。随后，国家教委印发了二年制师范专科学校八个专业的教学计划（1988），将教育实习时间由原来的4周增加到6周。而《高等学校教育系教育专业改革的意见》(1989)进一步对教育见习和教育实习提出了要求，"教育见习一般应安排在低年级进行，可结合有关课程的教学进行，也可有计划、有目的地单独进行。要根据专业的特点，安排好实习场所，教育实习一般不少于10周"。1995年，为了主动适应基础教育改革与发展的需要，培养面向21世纪的教师，在总结师范专科学校已有教育教学经验的基础上，国家教委颁布了《高等师范专科教育二年制教学方案（试行）》和《高等师范专科教育三年制教学方案（试行）》（简称《教学方案》）。《教学方案》按照课程的性质和功能将高等师范专科学校的课程分为公共课程、学科课程、教育课程、特设课程、实践课程和活动课程6类，其中实践课程包括教育实践和社会实践两种，教育实践主要由教育见习、实习和学科专业实习三部分组成。《教学方案》既明确规定了各类课程的目标要求和结构比例，也鼓励各高师院校自主探索，初步构建了一个专科层次的教师教育课程体系。

这一时期师范院校的教育实习在逐渐恢复传统教育实习模式的基础上，进一步丰富了教育实习的内涵，建立了集试验、实习、研究等功能为一体的附属学校，延长了实习时间，完善了实习制度，并使教育实习政策逐渐从指令性向指导性转变，以便高师院校根据自己的课程与教学实际灵活安排教育实习。

（三）教育实习的多样化发展

20世纪80年代以来,针对教育实习中实习模式单一、实习时间短、实习指导乏力等问题,高师院校开始了对师范生教育实习模式的探索。尤其到了20世纪末期,教育部颁布了《关于师范院校布局结构调整的几点意见》,不仅打破了师范教育封闭办学的格局,实现了以师范大学为主体、其他高等院校共同参与的办学格局,实现了中小学教师来源的多样化,也提高了教师的培养层次,使得教师培养逐渐从"旧三级"(中师、专科、本科)向"新三级"(专科、本科、硕士)过渡,拉开了新时期我国教师教育改革的序幕。为了顺应世界教师教育改革与发展的趋势,凸显师范院校的教师教育特色,各师范院校不仅强化了实践教学环节,完善了师范生在校期间到中小学实习半年的制度,也立足学校的发展实际,进行了各种实习模式的探索,其中具有代表性的主要有以下几种。

1.学科编队教育实习模式

学科编队教育实习模式是高师院校按照师范生的学科将实习生分成若干小组,并在学科教育教师的带领下,到一所学校实习。该模式最大的特点是便于组织和管理,师范生专业相同,便于交流研讨。但由于同一所学校中相同专业的实习生较多,师范生课堂教学实践的机会和时间相对较少,更重要的是,实习学校出于对教学质量的担忧,往往对师范生的教育实习产生排斥心理,致使师范生得不到充足的课堂教学锻炼,而且实践指导教师在指导上也不够重视,实习效果并不理想。

2.混合编队教育实习模式

混合编队教育实习模式是由高师院校的若干个系的实习生组成一支16人左右规模的实习队,到一所中等学校实习,并完全委托该校全面、全程指导实习工作的实习模式。[①]其核心是改变了传统教育实习中将同一专业师范

---

① 陈冀平.混合编队教育实习模式探讨[J].高等师范教育研究,2000,12(4):55-59.

生派到同一所学校的做法,有利于师范生之间的相互交流、学习,更重要的是减轻了实习学校的负担,确保实习生在实习学校可以承担一定数量的课堂教学工作,得到实习学校优秀教师的指导。但是由于混合编队教育实习中同一专业师范生人数较少,不利于师范生间的共同研讨,尤其是在实习中对师范生的指导过于依赖实习学校的教师,在一定程度上影响了实习的效果。

3.顶岗实习支教模式

顶岗实习支教模式是教师教育专业高年级学生以全职教师的身份到农村学校教学。该模式一方面在有效缓解农村中小学教师数量不足的同时,能将先进的教育理念引入农村学校,并通过对置换出教师的培训,提升农村教师的教学水平,促进农村教育的发展;另一方面,让师范生以全职教师的身份置身于真实的教育情境中,参与教育教学活动,有助于丰富他们的教学经验。基于此,顶岗实习支教模式在全国各高师院校得到了广泛的应用。[①]教育部于2006年在西南大学召开了实习支教专题研讨会,充分总结了顶岗实习支教的经验,并在2007年出台了《教育部关于大力推进师范生实习支教工作的意见》,进一步强调要精心组织、创造性地开展师范生实习支教工作,确保高年级师范生到中小学进行不少于一学期的教育实习。但由于顶岗实习支教的学校大部分位于农村地区,学校师资力量薄弱,致使师范生在顶岗实习中得不到强有力的指导,专业发展缓慢。

4.分段教育实习模式

分段教育实习模式是按照师范生年级的高低,让师范生在不同年级参与不同的教育活动,分阶段、有重点地进行实习。比较常见的有教育见习、教育实习、教育研习三阶段教育实习模式。其中,在教育见习阶段,主要通过聆听系列讲座、观摩示范课等方式深入了解教育教学工作;在教育实习阶段,通过"全方位接触中学教育、教学过程,全面培养实习生素质及能力"[②];教育研习

① 李录琴,常宝宁.三位一体教师教育实习实践模式研究[J].当代教育科学,2017(8):33-37.
② 朱元春.教育实习新探索——三阶段教育实习模式[M].北京:高等教育出版社,2005:22.

主要是针对教育实习中存在的问题进行探讨和研究，并提出改进措施和对策。该模式改变了传统教育实习中一次性教育实习的弊端，有效解决了教育实习中实习时间短、教师指导乏力等问题，但是依然面临着实习基地不稳定、指导教师能力参差不齐、理论学习与实践体验联系不够紧密、师范生管理困难等问题。

这一时期各师范院校都立足于自身的办学实际进行了自主探索，逐步打破了传统单一的教育实习模式，形成了丰富多彩的教育实习体系，并将教育调查研究作为教育实习的重要组成部分，延长了教育实习的时间，丰富了教育实习的内涵。与此同时，各校都在已有经验的基础上，逐步建立了相对稳定的教育实习基地和实验学校，推动了教育实习的制度化发展。

(四)教育实习的改革深化

近年来，随着我国教师教育改革的持续推进，教师培养质量不断提升，但也出现了一些新情况和新问题，突出地表现为长期以来教师教育课程内容的"繁、空、旧"并未得到有效解决，教育实践质量依然不高，严重地影响和制约着教师培养质量。针对教师培养中的薄弱环节和深层次问题，教育部于2014年颁布了《教育部关于实施卓越教师培养计划的意见》，旨在以实施卓越教师培养计划为抓手，推动教师培养的全方面、综合化改革。作为教师培养中的关键环节——教育实习也开始向全程化、综合化的方向发展。

针对教育实习中存在的目标不够清晰、内容不够丰富、形式相对单一、指导力量不强、管理评价和组织保障相对薄弱等问题，《教育部关于实施卓越教师培养计划的意见》中提出，要将实践教学贯穿培养全过程，切实落实师范生到中小学教育实践不少于1个学期制度，实行高校教师和中小学教师共同指导师范生的"双导师制"。《教育部关于加强师范生教育实践的意见》(2016)更是从教育实践的目标任务、内容体系、实践形式、组织实施、推行"双导师制"、完善评价体系、建设实践基地、健全指导教师激励机制等方面对教育实习做了全方位的规划、提出了全方面的要求。2018年，《教育部关于实施卓越教师培养计划2.0的意见》中进一步指出,要"设置数量充足、内容丰富的实践课程,建立健全贯穿培养全程的实践教学体系,确保实践教学前后衔接、阶梯递进,实践教学与理论教学有机结合、相互促进。全面落实高校教师与优秀中小学教师共同指导教育实践的'双导师制',为师范生提供全方位、及时有效的实践指导"。

随着政策的不断推进和师范院校的深入探索,我国师范生的教育实习逐渐从先理论学习后实践锻炼向理论与实践一体化的方向发展,从单纯的技能训练向师德体验、教学观摩、模拟教学、教学实践、班级管理实践、教研实践等全方位、综合化的方向发展,教育实习进一步规范化、制度化。

二、教育实习协同发展的价值意蕴

(一)教育实习协同发展的内涵

教育实习作为教师培养的重要组成部分,对未来教师建立教育信念、生成教育智慧起着关键作用。为了培养造就一批教育情怀深厚、专业基础扎实、勇于创新教学、善于综合育人和具有终身学习发展能力的高素质专业化创新型中小学教师,首先需要针对教师培养中的薄弱环节和关键问题,创新实习实践模式,完善实习实践机制。

教育实习协同发展是一种大的教育实习观,是基于师范生教育实习实践中长期以来存在的目标不清、层次不明、指导乏力、管理不善等问题,在高师院校、地方政府和一线中小学的协作下,共同着眼于师范生在校学习期间的整体规划与系统设计,围绕高素质、专业化的"四有"好老师的目标要求,充分利用现代信息技术,把师范生的师德养成、教育实践贯穿于教师培养的全过程,融师德体验、教育观摩、模拟实践、实践教学、班级管理实践、教育研习为

一体、分阶段、有重点地组织实施,促进理论与实践的深度融合,全面落实立德树人的根本任务,培养"学高为师、身正为范"的卓越教师。

(二)教育实习协同发展的特点

基于教育实习协同发展的内涵,我们不难发现,多元统整是教育实习协同发展的重要特点。具体而言,教育实习协同发展主要有以下特点。

1.实习过程的全程性

教师是从事教育教学的专业人员。在美国学者里奇(Rich)看来,具有高度概括的系统化知识和进行长期的专门化智力训练是专业的重要特性。这种知识的习得和智力训练不是一蹴而就的,必须经过长期的、系统的、专门的训练。而传统的教育实习往往是在理论学习之后,将理论与实践割裂开来,其结果是师范生虽然掌握了大量学科教学与教育理论知识,但是依然不会教书。多元统整教育实习基于教师的专业特性,将教育经验的积累、实践知识的获得和教育信念的生成贯穿于教师培养的全过程,让师范生在高度复杂的、不确定的教育环境中学会做正确的事情。

2.实习方式的多样性

传统的教育实习不管是采取分散式、集中式,还是二者兼而有之,从本质上都是师范生在毕业之前的一次性实习,组织形式比较单一。多元统整教育实习是集了解实践、感悟实践、体验实践、探究实践为一体,集教学观察、教学模拟、教学体验、教学反思为一体,融理论学习与实践学习、个体学习与集体学习、校内学习与校外学习、自主学习与他主学习为一体的多样化实践活动,能够使师范生受到全面的、良好的智力训练,"并注重引导他们以研究者的眼光审视已有的教育理论和实际问题,从研究者的角度去发现问题、分析问题和寻找解决问题的策略"[①]。

---

①陈静安.五国教育实习模式比较研究[J].课程·教材·教法,2004,24(5):81-86.

3.实习内容的层级性

美国学者富勒认为,教师在发展的不同阶段,关注的重点是不同的。然而,传统的教师教育往往忽视了师范生在不同阶段对不同学习内容的关注。多元统整教育实习针对不同时期师范生关注重点的不同,设置了层级化的实习内容,从师范生观察专家教师的课堂教学入手,引导他们熟悉教学的方式方法,掌握教学的基本原理;随着师范生经验的不断丰富和认知水平的不断提升,充分利用现代信息媒介,引导师范生在虚拟的教学情境中进行教学,帮助师范生形成清晰的自我图式,培养师范生对教学的理解力和感知力;在通过相关考核后,逐渐引导师范生由虚拟情境走向真实情境,培养师范生在复杂多变的教学情境中随机处理教育教学问题的能力。这种层级化的教育实习目标明确、内容具体、重点突出、环环相扣、层层递进,有效促进了师范生专业知识和专业能力的发展。

4.实习指导的协同性

师范生的教育实习涉及不同利益主体,加强地方教育行政部门、师范院校和一线中小学的通力合作是保障教育实习顺利进行和提高教育实习质量的重要举措。然而,在传统的教育实习中,地方教育行政部门、师范院校和一线中小学往往由于职权不同而相互推诿。多元统整教育实习通过理顺不同主体的相互关系,加强主体间的制度建设,建立"职权明晰、优势互补、合作共赢"的长效合作机制,集师范生的"招生—培养—就业—(职后)发展"为一体,并对师范生实习学校和实习指导教师的遴选与退出、权限与职责做了严格规定,以确保师范生能够在优秀的中小学、在富有教育教学实践经验的优秀中小学教师以及大学"临床教授"的共同指导下获得发展。

5.实习评价的多元性

霍姆斯小组认为,对未来教师要进行多元评估:有良好的读写能力,实习之前通过学科专业考试,在实习教学中体现出多种教学风格,并有能力对自己的教学进行分析和改进。[1]但是在传统的教育实习中,一线中小学的实习评价往往流于形式,评价成绩过度依赖师范院校的教师。多元统整教育实习不仅强调评价主体的多元性,也强调评价内容的丰富性和评价方法的科学性。评价主体主要由优秀中小学教师和师范院校的"临床教授"组成;评价内容涉及师范生的课程观察、教学设计、微格教学、课堂教学(教学语言、教学方法、教学组织、板书与多媒体应用、个别指导等)、教学研讨、教学反思、班级管理等方面,主要包括师范生的见习评价、模拟实习评价、正式实习评价和教育研习评价四部分;评价方法强调质性评价与量化评价相结合,既注重师范生的学习成效,也注重师范生自身能力的提升。多元化的实习评价关注师范生实习的全过程,关注师范生的动态发展,能更好地实现以评价促发展之目的。

(三)教育实习协同发展的意义

1.促进师德修养与教学能力的融合

"师者,人之楷模也。"新时期加强和改进师德建设是全面贯彻党的教育方针、培养"四有"好老师的首要任务。然而,传统的教育实习往往侧重于师范生教育教学技能的训练,忽视了师范生师德修养的形成和职业认同感的培养。多元统整教育实习将师范生师德培养贯穿于师范教育的全过程,通过入学主题教育活动、教育教学系列活动、教师教育信念主题研讨、基础教育名师论坛等系列活动,将师德师风教育贯穿于教师培养的全过程,渗透到教师培养的方方面面,逐步营造了尊师重教的良好氛围,形成了"学高为师,身正为范"的教师教育文化;同时也促使师范生深入体验教育教学工作,逐步形成良好的师德修养和职业认同感,更好地理解教育教学专业知识,具备必要的教育教学设计与实施、班级管理与学生指导等能力,为从事中小学教育教学工作和持续的专业发展奠定扎实的基础。

---

[1]钟秉林.教师教育转型研究[M].北京:北京师范大学出版社,2009:183.

2.实现"见习—实习—研习"一体化

多元统整教育实习是在大教育实习观指导下让师范生进行有目的、有重点、全方位、全过程的实习实践,它克服了传统的先理论学习后实践应用的弊端,坚持从教信仰与执教能力并重、学科专业与师范专业并举的教育实践。在见习阶段,通过不断深入一线中小学,让师范生了解中小学课堂教学的基本规范与流程,感受不同教师的教学风格,熟悉中小学的班级管理内容,了解中小学的组织机构和运行机制;在实习阶段,通过优秀教师的指导,让师范生参与学校的教学设计、课堂教学、班级管理和活动组织,熟悉任教学科的教学内容和教学方法,并创造性地实施教学;在研习阶段,通过对见习和实习过程中相关问题的所思所想,使师范生形成问题意识和一定的解决问题的能力,并能根据研究问题设计研究方案、开展教学研究、撰写研究论文、分享研究成果。通过"见习—实习—研习"一体化的实习实践活动,让师范生循序渐进地接触、了解、体验和反思教育实践,以促使未来教师更好地理解他们将要从事的职业,积累实践经验,培养实践智慧,从而培养有理想信念、有道德情操、有扎实学识、有仁爱之心的"四有"好老师。

3.确保实习生得到优秀中小学教师的指导

早在20世纪60年代,美国学者科南特(Conant,J.B.)认为:"教学实习是训练任课教师的第一步骤,应由一位具有大学教授高级职称的、富有经验的中小学教师来指导。"[1]20世纪80年代,霍姆斯小组报告《明日之教师》中也强调了通过建立专业发展学校,更好地利用骨干教师来指导师范生的教育实习。然而长期以来,建立高水平的实践基地,确保师范生得到一线优秀教师的指导一直是困扰教育实习的最大难题。在多元统整教育实习中,高师院校通过与优质中小学建立伙伴协作关系,一方面利用高校的优质教育资源为中小学的发展服务;另一方面通过聘请优秀中小学教师担任教师教育类课程的兼职教师,并通过建立优秀中小学教师在大学兼职的激励机制,确保了优秀中小学教师为师范生提供全方位、及时有效的实践指导。

---

① 科南特.科南特教育论著选[M].陈友松,主译.北京:人民教育出版社,1988:299.

4.体现实习实践的探究性

教学是一种复杂的社会实践活动。教育实习的目的就是使师范生在复杂多变的教学实践中,依据自身的专业知识和专业技能,对学生的学习活动做出机智的、合乎逻辑的判断,并引导学生不断发展。显然,这种判断基于常规又超越常规,因为"常识性研究模式需要较少的正式准备工作,而往往依赖于直觉以及一些易于获取的信息(例如观察数据)。相反,受过训练的研究则需要更多的准备工作以及适用于解决当前研究问题的相关知识储备,还要了解研究所需的背景知识以及采用一定的探索研究方式"①。多元统整教育实习将师范生探究能力的培养贯穿于实习实践的全过程,让师范生不间断地深入一线中小学,通过教学观察、教学实践、对话交流、反思构建等方式,逐渐摆脱传统教育实习中以被动学习为主、以单纯教学技能训练为主的弊端,帮助他们在特定的时空背景下、在特定的场域中做出合乎逻辑的判断,创造性地实施教学。

三、教育实习协同发展的主要做法

多元统整教育实习针对教师培养中的薄弱环节和关键问题,以增强师范生的师德修养与专业知识、创新精神与实践能力为己任,以全面提升教师培养质量为目标,集"见习—实习—研习"为一体,构建各阶段既有所侧重又融为一体的教师教育实习体系。②

①安东尼·克拉克.研究型教师教育:教育学本科生培养计划的历史分析及启示[J].教师教育学报,2014,1(5):5-14.
②李录琴,常宝宁.三位一体教师教育实习实践模式研究[J].当代教育科学,2017(8):33-37.

(一)教育见习:感知实践

　　教育见习是教师教育的重要组成部分,让师范生在学习专业知识的基础上深入了解中小学教育教学实际,以帮助师范生树立崇高的教育理想和坚定的教育信念,积累教育教学实践经验。欧美发达国家都将教育见习作为师范生教育实习的重要组成部分,并高度重视教育见习在教师教育中的作用。比如:英国要求低年级师范生每周到中小学见习半天,以了解中小学教育教学改革,积累教育教学经验。美国师范生的教育实践包括实地经验和教育实习两部分,"实地经验是学生时间集中或分散地到学校中去充当在职老师的助手,或上课,或批改作业,或组织学生活动,许多大学将实地经验的时间规定为150小时,即3周左右"①。德国采取两段式的实习模式,师范生通过第一阶段考核后方可进入学校实习。法国甚至要求师范生在入学前就要进行为期两周的职业感受活动。

　　结合欧美发达国家教育见习的基本经验和我国师范生教育实习的实际情况,我们认为,我国的教育见习一般以师范专业二年级的学生为主,每周半天为宜,持续一个学期。见习期间,师范生主要充当专家教师的助手,主要任务是熟悉学校、班级和学生,并协助专家教师完成相关教学任务。教育见习的主要目的是感知实践,主要表现为师范生通过与专家教师的交流,学习如何确定教学目标、选择教学方法、设计教学环节、把握教学进程,如何整合关于课程、学生、教学方法、教学策略以及环境的各种知识;通过观摩专家教师的课堂教学,熟悉教学的各个环节及其运行机制,学习专家教师如何"更有效地识别有意义的模式和理解多种事件"②。

---

　　①高洪源,赵欣如.关于强化与创新高师教育实习的构想[J].高等师范教育研究,2000,12(3):55-58.

　　②徐碧美(Amy B.M. Tsui).追求卓越——教师专业发展案例研究[M].陈静,李忠如,译.北京:人民教育出版社,2003:40.

(二)教育实习:体验实践

教育实习分为模拟实习与正式实习两种。模拟实习首先在医学、会计等领域得到广泛应用。近年来,随着信息技术的发展,模拟实习在教师培养中逐渐得到应用。模拟实习一般安排在三年级上半学期,每周一次,持续一学期,"通常采用微格教学的方法,利用声像手段对师范生应掌握的各种教学方法、技巧进行选择性模拟,对学生的讲授进行录像后由指导教师做出客观的评价与分析,使学生形成清晰的自我图式,并熟练掌握整个教学过程的各种技能"①。模拟实习的主要目的是让师范生初步体验教学,培养师范生对教学的理解力和感知力,主要通过自我反思与专家点评的方式,既使师范生清晰地认识到自己教育教学中存在的问题,克服师范生在正式实习中的突兀感,也增强师范生的自我反思能力,为他们成长为反思型教师奠定基础。通过模拟实习相关考核后,师范生方可进入正式实习阶段。

正式实习是师范生以全职教师的身份,在具有丰富教学经验的优秀教师的指导下,独立承担至少一个班级的教学工作。正式实习一般安排在三年级下学期或者四年级上学期,主要目的是让师范生深入体验教学实践。在正式实习阶段,为了保证师范生"教"与"学"的有效性,在每一次执教前,师范生应在优秀教师的指导下完成"教学设计—说课试讲"这一环节的训练;执教后,师范生应在优秀教师的指导下积极进行教学反思,撰写反思日记。此举能够使师范生在面对复杂多变的教学情境时消除焦虑与紧张,理解学生的复杂性与多样性,从不同的角度理解自己的教学工作,并"知道如何临场从教育学上对课程进行临场的发挥"②,寻求不同的教学方案和教学方法满足不同学生的学习需求。

---

① 郑东辉,施莉.国外教育实习发展概况及启示[J].高等师范教育研究,2003(5):69-74.
② 马克斯·范梅南.教学机智——教育智慧的意蕴[M].李树英,译.北京:教育科学出版社,2001:210.

(三)教育研习：探究实践

教育研习可以在教育见习与教育实习之中展开，是师范生对教育见习、教育实习中出现的问题的反思建构，主要内容包括对课程标准的研读、对教学设计的研习、对教学组织形式的研习、对教学方法的研习、对班级管理与班队活动的研习、对学生个别指导的研习等。教育研习可以在见习和实习学校以师范生与实践导师为主体来展开，也可以在高师院校以师范生与理论导师为主体来展开，是师范生"在行动中的反思"。其主要目的是培养师范生的反思意识和反思能力，以使未来教师在处理不确定性的教学实践时表现出高超的教学艺术。

教育研习也可以在教育实习之后展开，师范生结合自身在教育实践中的问题，在理论导师与实践导师的共同指导下，确定研究课题，开展教学研究，撰写教学论文（毕业论文）。这种研习以课题为主导，是师范生在教育实践中对教育现象、教育问题的反思性批判和建构，也就是布鲁巴赫(J.W. Brubacher)所说的"对实践的反思"。其主要目的是培养师范生的科研意识和科研能力，从而使其更好地理解教学实践，提升教学自信。它对于改变教师的职业形象、提升教师的社会地位、促进教师的专业发展、推动教育教学创新发展具有重要意义。

四、教育实习协同发展的基本内容

多元统整教育实习集"见习—实习—研习"为一体，包括师德感悟与体验、教学实习与实践、班主任工作实习与实践等多项内容，采取观摩见习、模拟教学、专项技能训练、集中实习等多种形式，分阶段、有重点地予以推进。

(一)师德感悟与体验

德国教育家雅斯贝尔斯认为,教育不是知识的灌输,而是人的灵魂的唤醒。教师是人类灵魂的缔造者,是学生成长与发展的引路人。教师的师德修养和道德素质直接关系着数以万计的青少年的健康成长。我国政府高度重视教师的师德建设,先后颁布了《中共中央 国务院关于进一步加强和改进未成年人思想道德建设的若干意见》《关于进一步加强和改进大学生思想政治教育的意见》《教育部关于进一步加强和改进师德建设的意见》等政策文件,要求各级教育行政部门和学校把师德建设作为一项事关教育工作全局的大事,摆在教师工作的首位,贯穿于教师工作的全过程。

师范生是否具有坚定的教育信念、深厚的教育情怀和高度的社会责任感,直接决定着教师教育改革的成败,关系着国家的前途命运和民族的未来。从教信念教育在师范生培养中不能毕其功于一役,而是要体现在师范生培养的每一个环节,贯穿于师范生培养的全过程。西南大学制定了《公费师范生坚定从教信念教育的实施意见》,构建了以"大课堂"为主阵地,以"坚定从教信念、献身教育事业"为主题,以从教信念教育、师德教育为主要内容,以课堂教学、演讲征文、参观考察、观摩体验、顶岗支教等为主要方式,以全员性、渗透性、实践性为显著特征的终身从教信念教育一体化实践体系,使从教信念教育贯穿于师范生从入学到毕业的全过程,体现在公共课教学、专业课教学、实践技能培养等各个方面。[①]

1.师德见习

在教育见习阶段,师德教育的主要目的是让师范生了解党和国家的教育方针政策,深入理解教师工作的意义,认识到教师职业的专业性和独特性,学会遵纪守法、关爱同学,逐步确立热爱教育事业、忠于教师职业的情感和育人为本、德育为先的理念。为此,需要以专题活动为引领,逐步坚定师范生的从教信念,提高师范生的职业道德水平。

---

①黄蓉生,白显良.师范生从教信念教育的意义与实施途径[J].教育研究,2013(8):152-154.

（1）入学教育主题活动

入学教育是帮助大学生适应新环境、新生活的基本前提，也是帮助他们端正思想观念、转变学习方式的重要途径。为了帮助师范生在大学伊始就坚定教育信念、树立崇高的教育理想，西南大学从师范生进校起，就开展了一系列入学教育主题活动。整个入学教育分两个阶段进行：第一阶段的重点是"12个1"职业理想教育（见图5-1），即编印一本《免费师范生学习手册》；举办一场题为"光荣的人民教师"主题报告；开展一次"光荣的人民教师"主题演讲；组建一个师范生社团"未来教育家联盟"；开展一次师范生思想状况调研；组织一系列主题导航讲座；观看一部教师主题电影；阅读一本有关教师职业的书籍；创办一份内部刊物《青春杏坛》；举办一次"我为何选择师范院校，如何学好专业"主题交流会；组织一次赴中小学的实地考察；撰写一篇入学教育感悟等。第二阶段主要突出专业思想教育、师德教育和学业指导。通过长达一个学期的入学教育主题活动，新生深切认识到教师教育的重要意义，逐渐形成从学生到未来教师的角色认同，形成做一名人民教师的主体意识。

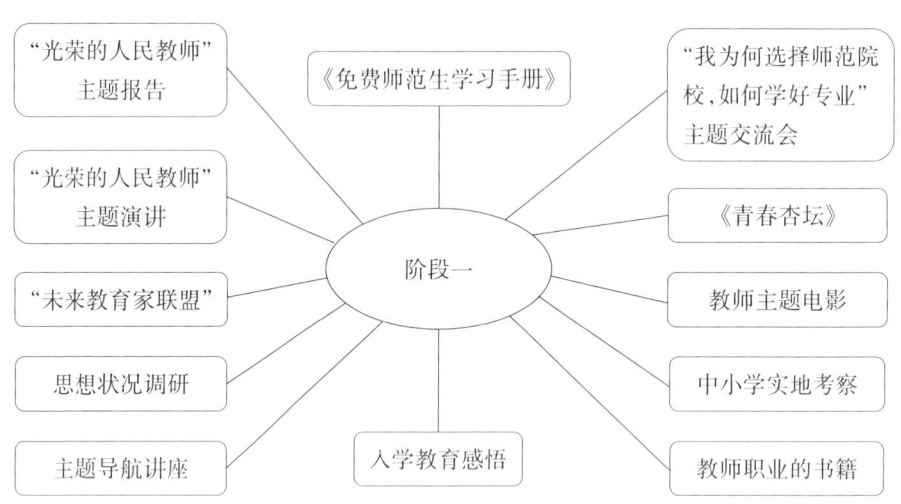

图5-1 西南大学师范生"12个1"职业理想教育

（2）"基础教育名师论坛"系列活动

榜样教育是思想道德教育的重要途径，具有强烈的示范、感染、熏陶和激励作用,可以使受教育者的认知、理解、认同和实践水平得到有效提升。西南大学充分认识到榜样教育在师范生师德培养中的重要作用,将"基础教育名师论坛"系列活动贯穿于教师教育的全过程;定期邀请重庆市和全国范围内基础教育研究与实践方面的名家名师做客"师元讲堂",通过其与师范生面对面的交流与对话,回顾自己的发展历程,分享自己的心得体会,解答师范生的顾虑与疑惑,让师范生感受名家名师的风采,熟知名家名师的故事,坚定他们的从教信念。

(3)观摩教育教学活动

师范生深入中小学,观摩一线教师的课堂教学、班级活动和日常生活,这有助于他们深入了解教师的权利与责任、教师的职业特点与专业要求、教师的行为方式与生活习惯,深化他们对教师职业的认识。此外,日常观摩还有助于师范生在与学生、教师的交流中进一步了解学生的思维特点、认知与发展水平,理解中小学阶段在人生发展中的独特地位和价值,提高他们的科学与人文素养,使他们树立崇高的职业理想。

2.师德践行

在教育实习期间,师范生在具备师德知识和师德感悟的基础上,通过参与、组织教学活动、班队活动以及日常事务活动,逐步将"关注学生、尊重学生、关爱学生、信任学生;有爱心、责任心、耐心和细心;为人师表,教书育人,为学生提供适合的教育,促进学生全面而有个性地发展"的教育理念付诸实践,并在实践中体验挫折与失败、成功与喜悦,深化对教师职业的认识,"自觉加强师德修养,模范遵守职业道德规范,以身作则,言传身教,为人师表,以自己良好的思想和道德风范去影响和培养学生"[①]。

(1)在日常行为中体现职业伦理

叶圣陶认为,教育工作者的全部工作就是为人师表。教师不仅需要具有广博的知识,更是智慧的化身和道德的典范。教师的一言一行都会对学生产生潜移默化的影响。为了充分发挥教师言传身教、以身作则的模范带头作

---

① 教育部.教育部关于进一步加强和改进师德建设的意见[Z].2005-01-13.

用,师范生在教育实习中要严格按照《中学教师专业标准(试行)》《中小学教师职业道德规范》及相关政策文件的要求,着装规范,用语文明,举止稳重;不弄虚作假,不营私舞弊;与学生平等相处,能公平公正地对待每一个学生;与同事关系融洽,能积极参加学校、班级的各种活动;每天精力充沛,积极学习,奋发向上;不吸烟,不有偿补课,不收受贿赂,不向学生传播有害身心发展的思想和信息等。

(2)在教育活动中塑造职业情操

教师职业的特殊性要求教师忠于人民教育事业,志存高远,对工作高度负责,勤勤恳恳,兢兢业业,甘为人梯,乐于奉献;认真备课、上课,认真批改作业,认真辅导学生,严谨务实,不敷衍塞责,对得起自己的良知,不误人子弟。①

西南大学自2005年起,每年都要举办师范生演讲竞赛。演讲竞赛分为初赛和决赛两部分,其中初赛由15个师范生培养学院(部)和未来教育家联盟自行组织,决赛由15个师范生培养学院(部)各推荐1名师范生、未来教育家联盟推荐3名师范生参加。决赛分为主题演讲和即兴演讲两部分。主题演讲要求参赛选手围绕特定主题进行演讲,内容积极、健康、向上,能反映师范生崇高的理想信念、高尚的道德情操、优良的素质能力,时间5分钟,计分采取百分制。竞赛实行超时扣分制,选手超时每6秒在总成绩中扣0.1分。演讲时可运用多媒体等辅助媒介。主题演讲得分前5名的选手围绕现场抽取的题目进行2分钟的即兴演讲,要求内容积极、健康、向上,计分采取百分制。竞赛实行超时扣分制,选手超时每6秒在所得总分中扣0.1分。竞赛总成绩=主题演讲成绩×70%+即兴演讲成绩×30%,其中得分前2名为一等奖。通过实践活动,既培养了师范生的综合素质,又帮助师范生树立了坚定从教和终身从教的教育信念。

此外,在教育实习中,还要求师范生学会观察学生,记录、分析学生的认知水平和行为习惯,营造良好的学习氛围,尊重学生的个性差异,把握学生的

①陈时见.中学教育见习与实习[M].北京:北京师范大学出版社,2015:39.

内心世界,激发学生的求知欲和好奇心,培养学生的兴趣和爱好,引导学生自主发展、适性发展,将学生的知识学习、能力发展与品德养成相结合,全面落实立德树人的根本任务。在此过程中,师范生也不断地充实了自己的专业知识,提升了自己的专业素养,坚定了自己的从教信念。

(3)在师生交往中提升师德情怀

教师不仅要有责任心、进取心,更重要的是要有爱心和童心,尤其对中小学教师而言,更是如此。马卡连科甚至认为:"爱是教育的基础,没有爱就没有教育。"师范生在与学生交往时,要乐观向上、热情开朗、有亲和力,尊重学生,善于走进学生的情感世界,与学生共同分享他们的喜怒哀乐;学校是允许学生犯错的地方,要把学生看作成长中、发展中和未完善的人,针对学生的错误给予学生自我反省、自我修正的时间和空间,不讽刺、挖苦、歧视学生,尤其是对学习困难学生、留守学生、单亲学生等,师范生更要善于调节自己的情绪,保持平和心态,对他们有信心、有耐心,善于发掘他们的优点,促进他们循序渐进地发展。在与学生的交往过程中,不断提高自己的科学与人文素养,提升自己的师德情怀。

3.师德研习

师德研习是指师范生在实习实践中针对师德中的常见问题,主动收集与分析相关信息,通过主题研讨、专题研究、经验分享等方式,一方面,不断深化对教师职业的认识,树立正确的教育观、教师观、学生观,增强职业认同和社会责任感,自觉履行教书育人的神圣职责;另一方面,激发职业情怀,不断将教师的职业道德内化为自身的道德品质和行为准则,实现师德规范从"他律"向"自律"的转变。

(1)开展"坚定从教信念"主题征文及论坛活动

为了全面开展师德养成教育,西南大学每年都在全校范围内开展"坚定从教信念"有奖征文活动和论坛活动,师范生不仅能从自身的角度诠释坚定从教信念的意义,还能站在国家和中华民族伟大复兴的高度,立足于我国基础教育的长远发展,从所肩负的历史使命出发表达公费师范生坚定从教信念的信心和决心。文学院师范生刘怡说,从教要知其因、定其位、利其刃,才能坚定从教信念;历史文化学院师范生蔡静将信念比喻成花朵,表示愿用一生去浇灌自己终身从教这朵信念之花;地理科学学院师范生宋钊峰从加强政策引导、加强理想教育、加强责任心教育和感恩教育、建立奖励机制四个方面提出对公费师范生坚定从教信念的建议……他们的观点新颖独到,感情真挚热切,多角度、多维度地巩固和深化了师范生的从教信念,为师范生未来安心从教、热心从教、舒心从教、静心从教奠定了良好的基础。

(2)举行"关键事件"研讨活动

"关键事件"是师范生在教育实习实践中的重要事件,并围绕这些事件做出的关键决策。"关键事件"给师范生创造了一些选择的机会,让他们确认自己行为或个性中的哪些部分适合教师角色、哪些部分不适合教师角色。在这种情况下,他们要作出某种选择和改变。[①]师范生在学习期、见习期和实习期分别经历了不同的身份变化,尤其是经历了实习期后,他们才能真正体会到教学工作的复杂性。面对复杂多变的教育环境,师范生往往会感到力不从心、束手无策,甚至部分师范生会对教师工作产生畏惧心理。通过营造良好的学习环境,在优秀教师的指引、同伴的互助下,师范生围绕"我为什么会遇到这个问题?这个问题是什么?我是怎么解决的?对我的启示有哪些?"等进行深入分析,准确判断,不仅有助于提升他们的综合素养,更重要的是,有助于师范生获得自我效能感,增强从教的信心,坚定从教的信念。

(3)开展"反思教育"活动

反思是教师专业发展的重要途径和手段。西南大学从2006年开始就开展了"反思:我们为什么上大学"系列活动,从自我质疑、行为剖析、问题诊断、交流评议、借鉴比较、案例研究、总结提升7个环节入手,设计了"10个一"的大学生"反思教育"活动,包括:一次"我为上大学写个理由"广场倡议宣传;一次"关于大学生上大学理由取向的调研";一次主题班会;一次党组织生活会;一次校报(或BBS、院刊、班报)等校内媒体专题讨论;一次给父母的大学生活书

---

① 鱼霞.教师成长:对"关键事件"的反思至关重要[J].人民教育,2012(5):49-50.

面汇报;一次大学生活规划设计班级导航;一次"反思:我的大学生活心路历程"主题征文;一次"反思:我的大学生活心路历程"主题报告会;一次"反思教育"主题活动总结汇报会。在师范教育中,师范生主要围绕"我为什么选择师范专业""我如何学好师范专业"展开反思。"反思教育"活动突出了师范生的主体性和主动性,提升了师范生的专业认同感,坚定了师范生从教的信念。

(4)开展师德研究

为了将师德师风教育贯穿于师范生培养的全过程,西南大学紧密结合师范生思想政治课程体系改革,一方面利用马克思主义理论学科力量开展师范生职业理想教育和从教信念教育课题研究,其中包括"公费师范生职业理想教育与终身从教信念研究""公费师范生从教信念与献身教育事业精神培养研究"等重大项目,对师范生职业理想教育和从教信念教育的指导思想、科学内涵、实施策略、反思与推进等方面进行系统研究;另一方面,学校还借助《本科生创新基金管理办法》,鼓励师范生围绕专业认同、从教意愿、专业满意度、优秀教师的特质等内容进行自主研究,促使他们不断反思、自主实践,逐步提升他们的职业道德修养。

(二)教学实习与实践

教学实习与实践作为教育实习的核心工作,是师范生在专业训练和实际观摩的基础上,深入中小学承担具体的教学任务,开展课堂教学,并就教学中的问题进行相关研究的重要方法;是促进师范生在深入体验的基础上,积累丰富的教育教学实践经验,更好地理解教育教学知识,掌握必要的教学设计能力、教学组织能力、教学实施能力、学生指导能力、教学评价能力,并将学科知识、教育理论与教育实践有机结合的重要途径;是师范生未来从事中小学教育教学的重要前提和基础。

为了有效提高教学实习的实效,西南大学在《公费师范生教育实习管理办法》《公费师范生顶岗实习支教实施方案》等文件中对教学实习做了进一步阐释,明确规定师范生实习期间应当完成12学时的新课讲授任务。教学实习的内容主要包括:掌握国家课程标准,了解实习学校教学指导思想,熟悉该校所用教材;观摩教学指导教师及其他教师授课,了解教学指导教师的教学设计思路,并对观摩课程进行教学分析;开展教学设计,撰写教案,并请教学指导教师审核,在充分听取意见和建议的基础上,修改直至合格;做好课件、教具(实验)等相关准备工作;在教学指导教师的指导下开展课堂教学和其他形式的教学,听取教学指导教师的意见与建议并不断改进完善;批改作业,参与考试工作,对学生进行集体或个别辅导等。

1.教学见习

教学见习是师范生对课堂教学、教研活动、学生个别指导活动等工作进行观摩学习的实践活动。其中,课堂教学观摩是教学见习的重点。《教育部关于大力推进教师教育课程改革的意见》和《教师教育课程标准(试行)》中都强调了课堂教学观摩在培养师范生教育教学能力中的重要性。课堂教学观摩不同于一般意义上的听课记录,"要求观察者带着明确的目的,凭借自身感官及有关辅助工具(观察表、录音录像设备),直接(或间接)从课堂上收集资料,并依据资料做相应的分析、研究"[1],使师范生形成对一节好课标准的初步认识,对中学课堂教学常规的基本认识,对中学课堂教学的基本方法、不同教学方式应用效果的理解,并让师范生学会听课和课堂观察的基本方法。[2]为了提高教学见习的实效,西南大学不仅在师范生专项技能训练中加强了课堂观察的专题训练,还印发了"教育实习听课记录表",并通过在线观摩、游学观摩、现场观摩等多种形式予以落实。

(1)在线观摩

2008年起,西南大学建立了国家教师教育创新(西南)实验区,在西藏、贵州、四川、云南、广西、重庆等省(市、区)设立了11个教师教育创新实验区,积极推进课堂教学在线观摩平台建设。学校为实验区学校提供电子白板、短焦投影仪、智能录播设备、高性能计算机等先进的现代教育技术设备,并通过远

---

① 沈毅,崔允漷.课堂观察:走向专业的听评课[M].上海:华东师范大学出版社,2008:74.
② 戴建兵.教育见习与实习[M].北京:高等教育出版社,2017:37.

程教学交互系统、智能录播系统、智能评课系统、教学管理系统等应用软件搭建师范生与中小学一线教师互动交流平台。学校帮助师范生在线观摩优质中小学课堂教学实景,实时开展教学见习、教学观摩、教学研究等活动。目前,学校已建好4套在线观摩系统,在国家教师教育创新(西南)实验区示范基地学校建成14套在线观摩系统。利用课堂直播功能,可以为师范生实时提供常态化的中小学课堂教学实景,为师范生在线观摩创造条件;利用基于电子白板的教学交互,能够为师范生与中小学一线教师的互动交流提供快捷、直观、方便的平台。该平台利用真实的一线教学场景,整合能力训练、微格教学、教学观摩等各个教学环节,有效提高了师范生的课堂观察能力和实际教学能力。

(2)游学观摩

西南大学为了探索卓越教师培养新方法和新途径,从2013年起就开展了卓越教师创新实验班("师元班")的实践探索,而游学考察是提高"师元班"学生实习实践能力,让"师元班"学生感受一线名校名师教学风采的重要途径。教师教育学院每年都会组织"师元班"学生到中国人民大学附属中学、南京师范大学附属中学、南京外国语学校、杭州第二中学、杭州学军中学、杭州育才中学、西南大学附属中学等名校观摩研习,通过课堂展示、专题讨论、主题对话等方式,让师范生理解名师课堂教学的基本理念、具体的教学设计与实际的教学实施,尤其是探讨他们的教学理念是如何与个人的教学风格相结合,内化为自身的教学实践的,帮助师范生体验名校教育、感受名师风采,逐步增强师范生对课堂教学的感性认识,开阔师范生的视野,拓展师范生的思维,为师范生下一步的教学实践奠定坚实基础。

(3)现场观摩

现场观摩在这里仅指师范生在课堂教学之前,在高等院校与中小学的共同安排下,在与实习指导教师交流沟通的基础上,深入观察实习指导教师的教学设计、课堂教学语言、板书设计、教学情境创设、教学活动组织、教学方法选择、重点难点问题的解决方法、教学过程的调控、作业设计、对学生的个别辅导以及情感投入等,观察学生的学习动机、参与程度、学习状态、对知识的掌握情况等;并通过与实习指导教师交流,了解课程教学计划、学期教学计划、单元教学计划和每节课的教学计划,深入体验课堂教学的规范与过程,分析教师的教育理念如何渗透和体现在教师的课堂教学行为中。一位实习生这样描述:"我觉得顾老师的课让人很放松,他很幽默,很有亲和力,上课几乎不看教材,站在讲台上就可以讲,讲得很透彻。他不断跟学生互动,学生的一句俏皮话,他都能和所讲的知识联系起来。顾老师真的是一位很牛的老师,看得出来学生很喜欢他,他的讲课技能和专业知识水平都是名不虚传的。希望我可以跟着他学到更多,加油!"

(4)技能训练

为了提高师范生的教学技能,西南大学建立了师范生能力训练基地,下设美术基础能力训练中心、音乐基础能力训练中心、书写能力训练中心、口语能力训练中心、教育技术应用能力训练中心、心理教育能力训练中心、实验教学能力训练中心、课堂教学综合能力训练中心等8个中心。基地秉持"知行合一、能力为本"的理念,科学设定训练目标,合理设置训练项目,更新改进训练内容,以切实提高教师专业能力为目标,实施系统性、专业化的教学能力训练,促进学科专业能力与教师专业能力的有机融合。

①构建能力训练课程体系

以"学科性与师范性并重、理论性与实践性并重"人才培养理念为指导,逐步深化能力训练课程结构改革,构建了"3-433"教师专业能力训练课程体系,如图5-2所示。

A.优化能力训练课程结构

根据教师专业能力构成及形成规律,优化配置课程模块,合理设计课程结构。以教学实践能力培养为核心,与教师教育理论有机结合,共同构成了重视基础、突出能力的"3-433"教师专业能力训练课程体系,含基础能力训练、专业能力训练和综合应用能力训练3个模块,每个模块中含有若干门课程,3个模块共10门课(4+3+3)。

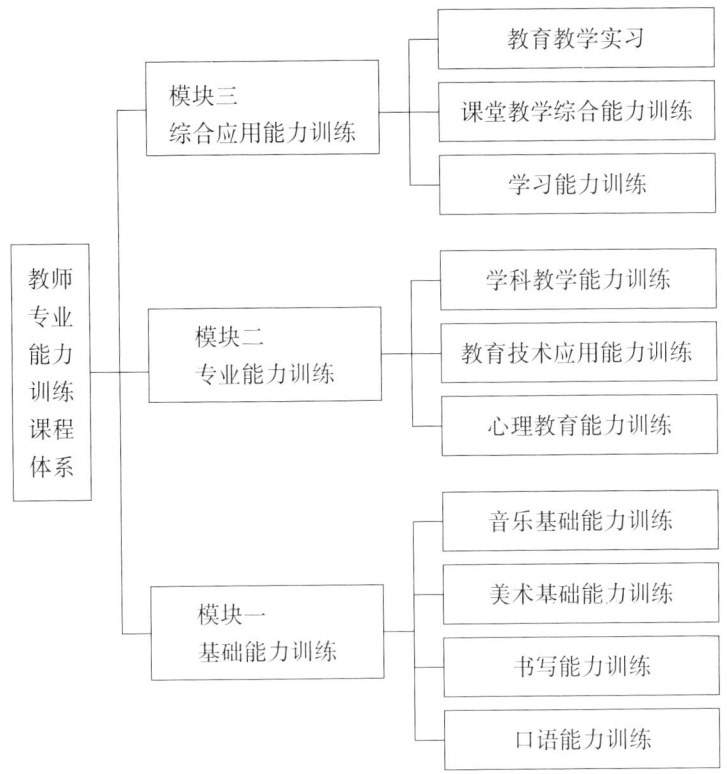

图5-2 教师专业能力训练课程体系

教师专业能力训练课程独立设置,所占整个教师教育课程(必修部分)比例见表5-1。

表5-1 教师专业能力训练课程设置表

课程类别	性质	学分	比例(%)	说明
教育教学基础理论课程	必修	10	31.25	教育教学基础理论课程共向师范生提供不低于18学分的选修课程,由师范生自由选择不低于6个学分的课程。在教师教学能力训练课程中,教育教学实习为12学分
教育教学能力训练课程	必修	22	68.75	

B.创新能力训练项目内容

在师范生能力训练课程三大模块中,每一门课程又由若干训练项目构成,各能力训练课程的内容体系及训练项目构成具体如下:

第一,基础能力训练模块。基础能力训练模块由口语能力训练、书写能力训练、美术基础能力训练、音乐基础能力训练4门必修课程构成,共4学分,占教师教育课程总学分的12.5%。

第二,专业能力训练模块。专业能力训练模块由心理教育能力训练、教育技术应用能力训练、学科教学能力训练3门必修课程以及部分选修课程构成。其中,学科教学能力训练课程按师范生所学专业不同分别开设,包含必修课程(项目)和部分选修课程(项目)。

第三,综合应用能力训练模块。综合应用能力训练模块包含学习能力训练、课堂教学综合能力训练和教育教学实习。

学习能力训练是师范生在教师的引导下,利用中心的数字化资源库、微格教学训练平台、课堂教学在线观摩平台、"师元"网络课程平台等进行自主训练;同时,以自主学习平台为主要依托学习教育教学知识,提升教学能力。自主训练鼓励师范生在教师的指导下进行个性化的自主创新学习,获得创新实践学分,创新实践学分可以替代全校通识教育选修课程和部分专业选修课程学分。

课堂教学综合能力训练2学分;教育教学实习的时间为1学期,12学分。课堂教学综合能力训练的项目、学时、类型见表5-2。

表5-2　课堂教学综合能力训练必修课训练项目及内容构成一览

课程	学时	训练项目/课程内容	类型
课堂教学综合能力训练	36	1.教学准备与教案编写	应用提高型
		2.课件编制与板书设计	应用提高型
		3.教学运行与方法运用	综合提高型
		4.学业评价与成绩评定	应用提高型
		5.说课练习与微格教学	综合提高型

教育教学实习是师范生教学能力训练的综合实践性课程。通过到中小学进行为期一个学期的实习,使师范生将所学的基础理论、专业知识和基本技能,综合运用于教育和教学实践,并通过有关教育、教学工作的实际锻炼,了解教育规律,培养独立从事中等教育和教学工作的能力。

②开发能力训练系列教材

西南大学高度重视教师专业能力训练教材建设,制定了教材建设计划,构建了具有独特创新性,发展教师基础能力、专业能力和综合应用能力的教材体系。本着"体现实用、突出重点、注重创新、立足发展"的原则,学校组织各学科教学领域专家开发了能力训练课程配套教材。该系列教材不仅使师范生和接受训练的在职教师较为透彻地理解各学科基本技法(知道怎么做),更重要的是通过有效的操作性训练,使学习者获得基本教学技能,最终形成实际教学工作所需要的基本能力(实际会做)。基于这样的目标,教材编制突破传统的以知识为中心的大学教材体系,把对应于能力系统的技法体系确定为能力训练的主要内容。因此,教材强调在提炼、归纳教师能力体系中各能力训练的基本技法的基础上,以技法单元划分教材内容单元,以能力训练为中心,以能力形成为落脚点。为有效体现以能力为中心的课程目标,教材在各能力训练单元强化了能力训练的设计和安排。在掌握技法操作要领的基础上,教材通过分解训练和逐步链接、逐层整合训练来促进学习者能力的形成;通过典型练习和变式练习来促进学习者灵活应用和变通操作能力的形成,进而引导学习者逐步学会创造性解决实际教学问题的能力。

能力训练系列教材以有限目标为原则,兼顾训练内容的系统性和精简性。内容选择坚持少而精,避免大而全,力戒空而泛,创造性设计教学内容和训练方式,以期能够促进师范生教学核心能力的形成和教师专业核心能力的巩固和发展。同时,能力训练系列教材以能力为坐标,精心设计中小学教学过程中切实管用的能力训练体系,力图做到精简性与系统性的兼顾和统一,既能够使师范生通过训练获得全面和谐的发展,又能够满足不同的个性化发展需求。

③构建能力训练方法体系

A.构建能力训练基本模式

西南大学紧扣师范生能力训练目标及内容,系统化整体设计能力训练方式,构建了"教师指导训练—学生自主学习—训练效果测评"一体化运行机制,采用"技法解析·案例评析·实作训练"的"三位一体"基本训练模式及"模拟(仿真)训练、见习观摩、实习实践与反思研习"的"四环统整"运行模式;科学合理组训,运用"典型练习、变式练习、拓展练习—自主训练"三步递进创新训练模式;结合师范生相关专业知识基础和认知水平,根据师范生技能获得和能力形成的基本规律,创新运用微格教学及微格训练技术,将教师专业能力有序地分解为各具体专业技能(训练项目),采用"任务驱动"及"项目学习"的基本方式,在分解训练、单项训练的基础上,逐步链接、逐层整合,循序渐进地生成教师专业整体素质并最终形成解决教学问题的综合能力。

同时,重视训练技术手段的改革和创新,不断增加投入,引进现代网络和信息技术,融合多媒体辅助教学、虚拟实验系统、微格(仿真)训练系统等,自行开发计算机辅助教学课件和"西南大学师范生课堂教学能力综合测评系统",引入TPI资源管理平台、Blackboard(简称BB)教学辅助平台、课堂教学在线观摩平台、普通话模拟测试与学习系统、心理测试软件及档案管理软件系统等能力训练辅助平台,以先进的训练设备和手段,提高师范生专业能力训练水平。

B.整合能力训练方法体系

根据不同训练课程及训练项目,强调训练技术、方法、手段的针对性、实效性和适应性,注重与相关基础理论课程学习及实践训练环节的整体衔接和系统配套,综合运用和合理采用不同训练技术、方法和手段,促进师范生教学能力的有效形成和快速提升。

第一,口语、书写训练:结合普通话水平测试,利用语音识别技术开展师范生的普通话训练;紧扣教育教学情境,结合教育教学实际开展师范生口语表达、书写能力的训练及评估;运用远程实时在线高清视频观摩系统,观摩示范实习基地及实验区教师的教学口语表达及书写情况。

第二,音乐基础、美术基础训练:紧扣校园情境,精心选择针对性、适用性强的艺术技法,采用讲解、示范、练习相结合的基本方法,通过知识讲授、技法解析、示范演示、操作训练及作品赏析、实践运用、创作表演等手段,使师范生获得教师工作所需的音乐基础能力以及美术基础能力。

第三,心理教育训练:创造性地提出师范生"二维双向"心理教育能力结构培养新理念及新模式,通过理论学习与技术分析、案例分析与现场观摩、情景模拟与实战演练相结合的运行方式,使师范生形成以中小学生发展性心理教育为主导、矫正性心理教育为辅助(二维)的教师自我心理教育能力和心理育人能力(双向)。

第四,教育技术应用训练:紧密结合教学情境,按照教学准备、实施、评价阶段的教学运行逻辑关系来进行训练项目的分解及归类;按照情境导入—重点提示—技能操练—知识提点—评价反思—自主训练—技能检测—拓展延伸的基本方式展开,促进师范生信息技术能力与教育教学能力的整合。

第五,学科教学及课堂教学综合训练:强调相关课程及训练内容的逐步链接与逐层整合训练,采用教师讲解—示范—指导—评析,师范生观摩—练习—反思—再练习循环推进的基本方法,促进师范生最终形成分析与解决学科教学设计、实施、评价问题的综合能力。

第六,学习能力训练:设置"零课时学习"课程,通过教师指导下的自主训练、自主学习的方式,培养师范生的自主学习能力,促使师范生学会学习,并使师范生逐渐树立"学会思考、学会学习"的理念,获得教会学生学会学习的基本方法。

西南大学师范生教学工作技能训练基本要求

教学工作技能训练是指教师备课、上课、批改作业和评定成绩等教学环节所必备的技能训练。教学工作技能是师范生的教师技能的重要组成部分,是师范生从师任教素质的必修内容。

教学工作技能是教师运用专业知识和教学理论进行教学设计,使用教学媒体和编制教学软件,组织课内外教学活动和进行教学研究等所采取的一系列教学行为方式。教学工作技能训练是在教育学、心理学和学科教学理论的指导下,以专业知识为基础的基本教学技能训练,是理论联系实际的实践活动。其主要内容包括课前进行教学设计的技能、使用教学媒体和编制教学软件的技能、课堂教学的技能、设计和批改作业的技能、组织和指导课外教学活动的技能、教学研究的技能。

一、教学设计技能的训练

[训练要求]

了解教学设计的方法,理解教学设计的概念,通过训练掌握制订教学目标、分析和处理教材、了解学生、制订教学策略、制订课程学期教学计划和编写教案的方法。结合学科特点设计和批改学生作业,课后能评价自己和别人的教学。

1.概念:教师在备课过程中,用系统的方法把各种教学资源有机地组织起来,对教学过程中相互联系的各个部分的安排做出整体计划,建立分析和研究的方法,制订解决问题的步骤,对预期结果进行分析。

2.制订教学目标:了解教学目标的类别,掌握制订教学目标的方法和要求,重点掌握制订课堂教学目标的方法。

3.分析和处理教材:通过训练,初步学会分析教材、组织和处理教材。

4.了解学生:了解学生学习的特点,掌握分析学生学习的方法。

5.制订教学策略:能根据教学目标、教学内容和学生实际选择教学媒体,设计课堂教学活动。

6.制订课程学期教学计划和编写教案:了解课程学期教学计划和教案的结构和要求,掌握制订课程学期教学计划和编写教案的方法,通过训练能写出符合要求的课程学期教学计划和教案。

7.作业的类型和设计:了解本学科学生作业的类型和设计的方法,能根据教学需要选择和设计作业的内容。

8.课堂教学评价:了解课堂教学评价的依据和标准,通过训练掌握评价的方法。

[训练方法]

师范生根据自身的具体情况,利用学科教学法课程,在教师的指导下进行系统训练。各学院在教学计划中明确这方面的要求,并指定教学法授课教师从低年级起组织师范生有计划、循序渐进地进行训练。师范生要重视自我提高,也可选修相关课程或组织开展模拟教学活动。

二、使用教学媒体技能的训练

[训练要求]

了解教学媒体的种类和功能,掌握现代教学媒体的使用方法及其软件编制的方法。能根据教学内容和学生的特点选择、使用教学媒体,设计制作教学所需的教学软件及简易教具。

1.概念:是教师在进行教学设计和课堂教学中,根据教学内容和学生的特点选择、使用教学媒体,设计制作教学软件的行为方式。

2.教学媒体:

常规教学媒体:挂图、标本、模型、教具等。

现代教学媒体:投影、幻灯、录像、CAI等。

3.教学软件的编制:投影片的制作、幻灯片的制作和计算机课件的制作。

4.简易教具的制作方法。

5.选择教学媒体的要求:教学内容与媒体选择;学生特点与媒体选择;媒体的教学特性与选择;媒体的价值与选择。

[训练方法]

师范生根据自身的具体情况,利用学科教学法、计算机基础课程等进行自我练习,也可选修"现代教育技术""计算机多媒体CAI""多媒体课件设计与制作"等综合教育类课程。

三、课堂教学技能的训练

[训练要求]

了解课堂教学中基本教学技能的类型,理解各项基本教学技能的概念,掌握各项基本教学技能的执行程序和要求,通过训练能根据教学任务和中小学生的特点把教学技能应用于教学实践。

1.导入技能　　　　2.板书技能

3.演示技能　　　　4.讲解技能

5.提问技能　　　　6.反馈强化技能

7.结束技能　　　　8.组织教学技能

9.变化技能　　　　10.教学技能综合训练

[训练方法]

师范生根据自身的具体情况,利用学科教学法课程,在教师的指导下进行系统训练。各学院在教学计划中明确这方面的要求,并指定教学法授课教师从低年级起组织师范生有计划、循序渐进地进行训练。师范生要注意自我提高,也可选修相关课程或组织开展模拟教学活动。

四、组织和指导课外教学活动技能的训练

[训练要求]

了解课外教学活动的特点、方法、组织形式及活动方案的设计,能组织和指导与本学科教学有关的课外活动。

1.概念:是教师根据学生的特点及培养学生能力的要求,组织、指导学生开展有关学科课外活动的教学行为方式。

2.课外活动的类型:课外科技小组、科技知识竞赛、读书报告会、小论文与小制作比赛、参观、访问、调查等。

3.课外活动的方法:观察和调查、实验和实践、讨论和评议、制作和创作。

4.课外活动方案的设计:了解活动方案的设计和活动方案设计的方法。

5.课外活动内容选择的要求:活动目的明确,有利于人才培养;活动内容要适合青少年的特点;课内外知识有机结合;教师具有辅导能力。

[训练方法]

师范生根据自身的具体情况,利用学科教学法课程等进行自我练习,也可选修相关课程。

五、教学研究技能的训练

[训练要求]

了解教学研究的方法,能初步运用本专业知识和教育学、心理学原理进行教学研究,开展教学改革,提高教学质量。

1.概念:是教师初步运用教学理论进行教育研究设计、资料统计、论文撰写的行为方式。

2.教学研究课题的选择:了解教学研究课题的类型、选择的方法及如何制订研究计划。

3.教学研究的方法:经验总结、调查研究、实验研究、比较研究。

4.研究资料的统计和分析:描述统计、定量分析与推断、非数量资料的整理与分析。

5.研究报告撰写的方法:了解科研报告的结构和撰写科研报告的要求。

[训练方法]

师范生根据自身的具体情况,利用学科教学法课程等进行自我练习,也可选修"教育科学研究方法"等相关课程。

2.教学实习

教学实习是师范生在教师的指导下开展课堂教学的相关活动,主要包括设计与实施教学方案、参与指导学生学习、参与各种教研活动等。其中,设计与实施教学方案是教学实习的核心环节。西南大学不仅开设了"课堂教学技能训练"专题课程,从教案编写、课件编制、板书设计、教学方法选择、学业评价、说课等模块,逐步加强师范生对学科教学的真实感受,也通过微格教学、教学竞赛、实地教学等方式,积累师范生对教学的初步经验,以提高教学实习的效果。

(1)虚拟教学测评

西南大学先后建成基于数字信号和图像识别功能的高水平微格教室30间,搭建了师范生课堂教学综合训练和自主训练的平台,并结合学校师范生培养实际,创新性地研制开发了基于网络技术平台运行实施的"西南大学师范生课堂教学能力综合测评系统"。该系统主要由测评材料提交系统、测评专家工作系统、测评结果反馈系统构成。以微格教学训练系统的信息化网络平台为依托,学生在线提交测评材料,专家在线远程测评,在线实时反馈,并可实现多向交流(见图5-3)。虚拟教学测评主要考核师范生教学设计与教案撰写、课件设计与制作、教学实施、教学评价的课堂教学综合能力。该系统也具有很强的教学诊断功能,能够帮助师范生及时有效地进行教学水平评估,减少能力训练的盲目性,充分调动了师范生自觉提高教学技能的积极性与主动性,保证了师范生的培养质量。

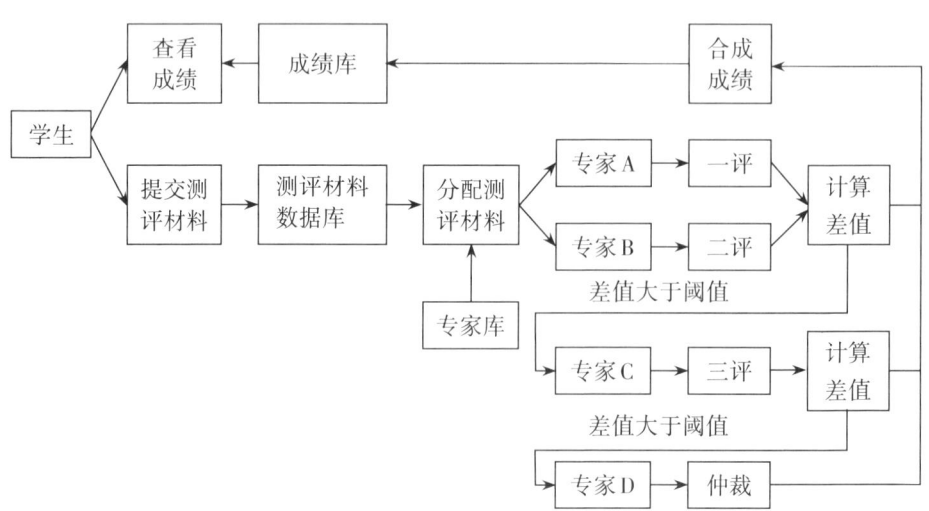

图5-3 师范生课堂教学能力测评系统运行流程

（2）教学竞赛

为了加强师范生的教师基本素质培养，强化师范生的课堂教学技能训练，全面提高师范生的综合素质，西南大学于2009年制定了《师范生课堂教学技能竞赛管理办法》，每年举行一届师范生课堂教学技能竞赛，竞赛内容主要包括课堂教学、教案撰写、黑板板书、毛笔字书写、说课、PPT展示和个人才艺展示等。其中，初赛由各相关单位自行组织。复赛主要包括知识问答、"三字"比赛、模拟教学等内容。知识问答由选手现场抽取题目进行作答，题目涉及专业知识、教学知识、文化知识等；"三字"比赛由参赛选手在指定时间内现场书写钢笔字、毛笔字和粉笔字；模拟教学由参赛选手按现行中小学学科课本内容进行10分钟模拟教学。决赛包括教案评比、课堂教学评比、PPT课件制作评比等。教学竞赛不仅直接提升了师范生的教学技能，更重要的是，培养了师范生的问题意识和反思意识，培育了一种"在学中教、在教中学"的教学文化。

（3）实地教学

实地教学是师范生在实习教师的指导下选择教学内容、确定教学目标、创设教学情境、设计教学活动、选择教学法，并在说课和试教的基础上，开展课堂教学。由于师范生教育教学经验匮乏，再加上教学情境的复杂性和不确定性，师范生在实地教学中往往会出现教学重点不突出、教学策略不恰当、教学过程程式化等问题。西南大学通过与基地学校的合作，共同制定了《西南大学校外教育实习基地建设与管理办法》《西南大学示范基地、实习基地学校实习指导教师的任务和职责》等政策文件，印发了"西南大学教育实习教案"基本模板，一方面，确保师范生实习期间完成至少12学时的新课讲授，以保证足量的课堂教学授课时数；另一方面，通过遴选责任心强、教学经验丰富、熟悉中小学教育教学实践的教师和中小学优秀教师共同承担师范生的教学指导工作，逐步提高师范生的教育教学能力，培养师范生的教育机智。

3.教学研习

常见的教学研习形式主要有撰写教学反思日志、开展教学课例研究、开展学生学习研究等。

(1)撰写教学反思日志

教学反思是教师专业发展的重要途径和策略。波斯纳甚至认为,教师的成长=经验+反思。师范生撰写教学反思日志就是对自己教学实习实践中的事件和行为进行回顾、分析和总结。西南大学为了增强师范生的教学反思意识,提高师范生的自我发展能力,在教育实习手册中专门印制了"实习日志",要求师范生从自身教学观念、教学方式、教学进程、学生的学习态度和参与程度、教学效果等方面总结自己的得失,并在与同伴、教师的共同交流中寻求解决问题的方案。

(2)开展教学课例研究

课例研究以学科教学为载体,以师范生、大学教师和教育实习指导教师为学习共同体,共同设计课堂教学,然后由一位教师负责教学,其他人在教学过程中详细记录,并在课后讨论所收集的材料,据以修订计划。[①]课例研究虽然是关于某一节课的研究,但它并不是着眼于某一节课的活动,是通过对真实课堂的观察和分析,考察教与学的过程及其原理,帮助教学者重塑自己的教学,"是一种以教师为导向的教学循环"[②],能有效地帮助师范生转变教学观念,理解学科的知识体系、基本思想与方法,掌握所教学科的基本知识、基本原理与技能,提升课堂教学能力。

(3)开展学生学习研究

了解学生身心发展的基本规律,了解学生在学习具体学科内容时的认知特点,了解学生思维能力、创新能力和实践能力发展的过程,是提高实习效果的基本前提,而开展学生研究无疑是解决这一问题的最有效途径。西南大学

①李子建,丁道勇.课例研究及其对我国校本教研的启发[J].全球教育展望,2009(4):30-39.

②谌启标.基于教师专业成长的课例研究[J].福建师范大学学报(哲学社会科学版),2006(1):156-159,167.

鼓励师范生围绕教育实习中的相关问题开展小课题研究,并通过教务处的《本科生创新基金管理办法》和各学院的学生创新基金项目予以支持,通过教育观察、问卷调查、访谈研究、个案研究、行动研究等方式,既使师范生掌握教育研究的范式与流程,也从不同层面揭示师范生学习的全貌,提升课堂教学的效果。

一位师范生在实习日记中写道:"我的学科指导老师是顾老师。在我还没见到他的庐山真面目之前就听说他是一位很优秀的老师,接触了之后,发现他人真的很好,课上得也很好。我周一刚开始正式实习工作,周二晚上他就让我上习题课,然后指出我的不足。我有学科上的问题他都会耐心地讲解。他很幽默,课堂氛围也很好。他找了不同成绩阶段的学生交给我,让我每天在黑板前为他们讲解,锻炼了我的胆量,以前我在讲台上会很紧张,现在好多了,真的很感谢顾老师。说实话,有时真的很累,时间很紧,周二那天连着上了5节课,虽然都是讲习题,但中间我只有20分钟用来吃饭和处理自己分内的事,那天我躺在床上腿都是疼的。人们一直都说,付出就会有回报。的确,我可爱的学生们,他们对我很好,我的心里全是感动、温暖,我有满满的动力,我爱他们,这种爱和对亲人的爱、恋人之间的爱、朋友之间的关爱都不一样。感谢我的这一段旅途中有他们。"

(三)班主任工作实习与实践

班主任工作是师范生教育实习的重要组成部分,《教师专业标准(试行)》《教师教育课程标准(试行)》和《教育部关于加强师范生教育实践的意见》都对班主任工作提出了明确要求,要求师范生不仅要了解班级管理的内容和要求,在与学生交往中获得直接体验,更重要的是,能根据学生的身心特点,有效管理和开展班级、共青团、少先队活动,妥善应对突发事件。

西南大学高度重视师范生班主任实习工作,在《西南大学公费师范生教育实习管理办法》中明确要求将班主任工作贯穿于教育实习始终,主要内容包括:在班主任指导教师的指导下,制订班主任工作计划;负责一个班级的管理与教育工作,包括日常管理和主题教育;在自习、课间操、文体活动、大扫除和学校组织的其他活动中,做好组织管理和安全教育工作;有目的、有计划地结合实习学校的情况,至少设计并召开1次主题班会或开展其他形式的主题教育活动等。

1.班主任工作见习

班主任工作见习是师范生通过观察的方式深入了解班主任工作的基本流程、方式方法等,主要包括班级的日常管理、班风学风建设、主题班会召开以及班级突发事件的处理等。班主任工作见习是师范生熟悉班主任工作的内容、认识班主任工作的意义、初步掌握班主任工作方式方法的重要途径。

(1)班主任工作技能训练

为了帮助师范生充分认识中小学班主任工作的重要意义,进一步明确中小学班主任的工作职责,系统掌握关于班级建设与管理的知识和技能,西南大学不仅开设了"班主任工作""中学生行为问题与矫正"等课程,而且定期邀请一些优秀的中学班主任开展专门的班主任主题讲座活动,如"做一名幸福的班主任""班主任工作的技术与艺术""如何处理与学生的关系""团队活动设计""凝聚智慧 引领成长"等。他们通过现身说法、交流对话的方式,分享班级管理的经验、心得与体会,帮助师范生积累班级管理的经验,逐步消除对班主任工作的困惑。

西南大学师范生班主任工作技能训练基本要求

班主任工作技能训练是师范生教师技能训练的重要组成部分,是指对师范生进行班级管理、对学生进行思想品德教育和组织指导学生进行课外活动等方面的技能训练。它是以教育学、心理学等学科的基本理论为指导,理论和实践相结合的实践活动。

班主任工作技能主要包括:班集体的组建和教育的技能、个体的教育技能、与任课教师和学生家长沟通的技能。

一、班集体的组建和教育技能的训练

[训练要求]

了解建设班集体的几个重要环节,掌握组建班集体的主要方法;了解在中学开展各种教学活动的形式和内容,并能组织各种活动;了解中学生日常行为规范的基本要求,掌握对其进行训练的一般方法。

1.组建班集体的技能:制订班级工作计划;确立班级奋斗目标;选拔、培养和使用学生干部;协调好正式群体和非正式群体的关系;培养优良班风;组织和指导班会和团队活动。

2.组织各种活动的技能:组织指导中学生参加课外活动;组织指导中学生参加社会实践。

3.对学生进行日常行为规范训练的技能。

[训练方法]

师范生根据自身的具体情况,利用教学法课程等进行自我练习,也可以通过见习或选修相关课程等手段来提高。

二、个体的教育技能的训练

[训练要求]

了解学生个体思想和心理变化的特点,掌握对他们进行教育的几种主要方式方法。

1.了解学生的技能:观察学生;与学生谈话;分析书面材料;调查访问。

2.心理咨询的技能。

3.操行评定的技能。

4.处理偶发事件的技能。

[训练方法]

师范生根据自身的具体情况,利用教学法课程等进行自我练习,也可以通过见习或选修相关课程等手段来提高。

三、与任课教师、学生家长沟通技能的训练

[训练要求]

了解班主任与任课教师、学生家长关系的基本特点及与其相互配合的教育意义,掌握与其沟通的几种方法,努力获得任课教师和学生家长对班主任工作的支持。

1.与任课教师的沟通。

2.与学生家长的沟通。

3.家长会。

[训练方法]

师范生根据自身的具体情况,利用教学法课程等进行自我练习,也可以通过见习或选修相关课程等手段来提高。

(2)现场见习

进入见习学校后,师范生在观察、交流的基础上,了解当前学生的思想状况,学会与学生进行沟通和交流,了解班主任应具备的能力,初步掌握班主任工作的基本方式方法,完成以下任务,并做好各种记录:听取实习学校和有关教研组介绍学校的基本情况和教育教学管理制度、方法及有关要求;听取班主任介绍班级情况,了解本学期班主任的工作计划以及制订工作计划的方式、方法;了解班主任的日常工作职责、学生管理的基本方法和手段,能结合相关理论进行分析;在班主任的指导下参与部分班级管理工作,运用班级管理的相关理论,观察、调查、记录学生的情况;了解学生学习、生活和思维的特点,并用见习日志的方式做好记录;分析学生行为特点的形成机理,观摩班主任组织的班团活动,了解班团活动的操作程序和实施流程;深入了解一名学习困难学生的情况,并制订一对一帮扶计划;访谈一位优秀班主任等。①

一位实习生这样描述:"班主任实习工作中,和学生相处很融洽。通过一

---

①陈时见.中学教育见习与实习[M].北京:北京师范大学出版社,2015:103-104.

周的熟悉,和班里的学生关系还不错,和他们一起跑操、上自习……参加学校的班主任工作会议,跟着原班主任走了一周的程序,基本上了解了班主任的工作内容。这一周里,我适应了学校的环境,找到了自己的节奏,也在认真努力地做事情,发现了自己的不足,每一天都在慢慢进步。希望在下一周里能更多地参与到班主任工作中和课堂教学中,不断提升自己。"另一位实习生这样写道:"我和我的班主任指导老师,刚开始不太熟悉,后来接触多了,在相处的过程中就更加愉快、自然了。她会告诉我怎样选择班干部更有助于班级的管理,班干部的层次结构怎样更合理,如果自己班里或者其他班级里出现了突发事件应该怎样处理等。真的挺感激她的,在她的帮助下我收获了很多。"

2.班主任工作实习

班主任是班集体的组织者和领导者,是学生日常行为的管理者。班主任工作内容庞杂、任务繁重,师范生在班主任实习工作中,要把成为具有实践智慧的反思者作为目标追求;把实习作为一个行为参与和研究的过程,而不是训练与操作的过程;能以研究者的心态置于班主任工作的情境中,以研究者的态度审视班级管理问题,以研究者的眼光反省自己的班级管理行为,并自觉改进自己的班级管理行为。[①]

在班主任实习工作中,西南大学要求师范生必须在原班主任的指导下,具体负责一个班级的实际工作,包括制订班主任工作计划、做好日常的班级管理工作、组织学生开展班团活动、主持班会、做好学生思想转化工作、进行家庭访问等。每位实习生必须能够独立主持一次以上主题班会、组织一次以上班团活动、开展一次以上家庭访问,并对学生进行个别教育。为此,西南大学还印发了专门的班主任工作实习计划表、重点了解学生情况记录表、团(队)活动主题班会记录表等。

除此之外,西南大学还规定师范生在实习期间应参加实习学校的教育教学改革活动,实习后期应到学校各有关职能部门和学校领导办公室做一些辅

---

①陈时见.中学教育见习与实习[M].北京:北京师范大学出版社,2015:109.

助工作,全面了解实习学校的管理工作,并结合自身的专业特点为教师开展各类讲座和信息技术技能培训,为实习学校制作课件、维修设备等。一位实习生这样写道:"这一周开始正式实习了,真正的实习和在学校时所想的还是有很大区别的。起初跟着班主任进班,班上的学生对我很陌生,我也很紧张,我和学生之间也没有什么互动交流。过了几天后,大家习惯了我的存在,我也熟悉了班主任工作的流程,和学生之间开始有了交流。在这个过程中,班主任老师对我悉心指导,让我学到了很多工作的技巧。"

五、教育实习协同发展的专业指导

建立高水平、高标准的教师教育团队是提高师范生教育实习实践质量的重要举措。《教育部关于实施卓越教师培养计划的意见》《教育部关于加强师范生教育实践的意见》等政策文件都强调,要建立由优秀中小学教师、优秀教研员和高等院校教师共同组成的教师教育团队,共同指导师范生的实习实践工作。西南大学高度重视师范生的教育实习,在实验区开展了由教师教育教学团队、教师教育研究团队以及教师教育管理团队构成的三导师协同指导实践。

(一)教师教育教学团队

教师教育教学团队建设采用项目管理方式进行。教师教育教学团队主要包括思想品德教育团队、教育理论教学团队、学科教育教学(含实验教学)团队、师范生能力训练团队、教育教学实践指导团队五部分。

1.思想品德教育团队

为了培养和坚定公费师范生的从教信念,西南大学组建了由学校学工部

（处）、团委、"关工委"和学院党委副书记、辅导员构成的公费师范生思想品德教育团队，成员近300人。团队通过报告讲座、问题研讨、实践体验等方式，对公费师范生进行以坚定从教信念教育为核心的入学教育、职业理想教育和就业指导。

2.教育理论教学团队

为了夯实公费师范生从教基础理论，西南大学依托教育学部、心理学部、各相关学院及科研机构教育理论研究队伍，打破专业壁垒，整合学术资源，建设了一支引领学校教师教育创新改革的教育理论教学团队。

3.学科教育教学（含实验教学）团队

学科教育学是公费师生专业学习的主要内容。西南大学以现代教育教学理论为指导，整合各师范专业学科教学资源，建设了一支能够满足16个学科教学需要的学科教育教学（含实验教学）团队。

4.师范生能力训练团队

西南大学通过设置专职的能力训练教师岗位、引进和培养能力训练专任教师、聘请中小学优秀教师做兼职教师、实行能力训练课程负责人制度、设置能力训练课程教研室等方式，组建了一支专业化、高素质的能力训练教师队伍。

5.教育教学实践指导团队

西南大学以学科专业为单元，兼容整合多学科、多专业实践指导教师力量，以创新实验区和实习基地为平台，构建教育教学实践指导团队。团队由学校学科教育教师、实验区和实习基地的优秀教师、优秀教研员组成，为公费师范生教育教学实践实行双导师制提供了师资保障。

(二)教师教育研究团队

西南大学依托学校教育学、心理学两大优势学科,整合人文社会科学、自然科学等学科资源,以教师教育人才培养模式创新研究、教师教育理论与实践研究为重点,建成了一支学术功底深厚、研究成果丰硕的教师教育研究团队。团队主要针对国内外教师教育改革与发展的基础性和战略性问题、教师教育的基础理论和教育实践问题开展研究。

(三)教师教育管理团队

依据四级联动的平台建设机制,西南大学建成了一支由教师教育工作领导小组指挥、教师教育学院和各职能部门各司其职、学院和教师教育系直接管理的高素质、高效率教师教育管理团队。

第六章 构筑一体化课程在线资源平台

　　师元在线课程资源平台是教师教育创新实验区建设的一个子项目,它以信息技术与教师教育的深度融合为重要手段,拟通过校地合作构建起的优势资源互补共享的职前教师与职后教师专业持续发展的新平台,最大限度地集合高等院校、地方政府、教研机构和中小学四方的资源力量,以提升实验区教师专业发展和终身发展的能力,提高教师教育课程资源的利用率和学校教育质量。由此可见,师元在线课程资源平台是"互联网+"时代、教师专业持续发展以及教师教育课程资源建设发展的必然产物。

一、课程在线资源平台的建设目标

近年来,我国的信息技术快速发展,社会的各个领域都相继发生了深刻变革。自2015年3月5日李克强总理在政府工作报告中首次提出"互联网+"行动计划以来,信息技术开始与各个领域逐渐融合,其中包括教师教育领域。随着《教师教育课程标准(试行)》和《教师教育振兴行动计划(2018—2022年)》等的出台,教师教育课程资源建设也陆续展开。"互联网+"时代使教师教育课程资源的建设面临新的变革与挑战。另外,在科技迅速发展、知识信息呈爆炸式膨胀的今天,教师只有树立终身学习的观念,不断进行学习,才能确保自身的知识、能力、观念符合时代的需求,不断地实现自身的发展,更好地为教育实践服务。只有进行课程在线资源平台建设,形成系统性的教师教育课程资源,才能为教师的终身化和专业化发展提供动力和保障。

(一)课程在线资源平台的建设背景

随着教师教育与信息技术开始深度融合,国内的教师教育课程资源建设进入了快速发展阶段,取得了一定的成果,比如,近几年涌现出来的"一师一优课"、MOOC、爱课程等在线课程学习平台,使教师教育课程在空间上不再局限于学校课堂,在时间上不再局限于学生时代,在内容上不再局限于书本教材,在资源开发主体上不再局限于高校专家与行政管理者,在资源类型上更是多种多样并可随时获取。技术与教师教育课程的融合使教师教育课程资源贯穿教师专业发展的始终成为可能。这不仅凸显了教师教育课程资源观的转变,也体现了"互联网+"时代教师教育课程资源建设的新变革。但是,目前我国教师教育课程资源建设仍存在以下几个问题。

第一,教师教育课程资源内容过于传统,缺乏先进理论和实践成果的嵌入。比如,在课程内容上,充斥着严重的理论气息,与学校教育实际结合不够紧密;在培养方式上,师范生的教育实习时间短、机会少,导致师范生的教育技能难以达到合格标准。这些问题使师范生毕业后难以很快地适应学校教育工作,影响工作效率以及学校的教育效果。因此,职前教师教育应立足于教师的从教信念、综合基础知识、学科专业知识和教师专业技能等方面培养合格的教师。[①]初任教师在面临从学生到教师的角色转变时,可能会出现难以将自己所学的知识运用到实践中去的情况。这很大程度上是因为在师范生培养阶段缺乏实际教学训练和就业锻炼。因此,提升教学技巧应该成为加强教师教育课程体系一体化的重要一环。[②]

第二,教师教育课程资源开发主体单一。传统的教师教育课程资源仅仅由高校专家来建设,由教师来使用,由学习者来消费,这就造成了课程难以具有真正的丰富性、实践性和有效性。单一的课程资源开发主体导致各主体局限在自身的观念和视野下,缺乏整体资源的规划和对教师教育课程资源的整体需求的把握。比如,课程资源缺乏实践性和操作性,课程资源来源渠道局限在课堂和教材,多方的教师教育课程资源共享性差、重复率高等。因此,为了课程框架内容的合理性与有效性,课程开发主体应呈现多元化趋势。

第三,受教师培养的阶段性影响,教师教育课程资源缺乏系统化、连续性的一体化设计,无法适应教师的发展要求;受空间地域的影响,教师教育课程资源仅限于高校内部的资源,无法满足教师的需要。教师的专业化发展是一个连续的长期过程,教师教育课程应在教师专业发展的不同阶段设置不同的培养目标。职前教师教育阶段课程应侧重于培养合格教师,使教师掌握终身学习和专业化发展的基本能力;职后教师教育阶段课程应侧重于培养能熟练掌握教育知识与技能、进行教育创新与反思的专家型教师。但实际上,教师教育课程的培养目标并没有实现连续性的统一规划,教师教育课程资源也缺

---

① 肖瑶,陈时见.教师教育一体化的内涵与实现路径[J].教育研究,2013(8):149-152.
② 罗生全,曾文茜.教师教育一体化课程结构系统构建[J].当代教育科学,2017(7):18-23.

乏整合,分散重复的现象屡见不鲜。为了实现教师教育课程资源的有效整合和教师的专业化与终身化发展,教师教育课程资源体系应向多样性、开放性、一体化的方向转变。

为了改变原有的条块分割、缺乏统整的教师培养体系,实现职前教师与职后教师专业可持续发展,促进高等师范教育更好地面向基础教育、研究基础教育、服务基础教育,西南大学与实验区联合成立了高等院校—地方政府—教研机构—中小学四方协同、合作共赢的师元在线课程资源平台,为教师专业的可持续发展提供专业支持,实现职前师范生培养、实验区教师职后专业发展一体化。

(二)课程在线资源平台的基本目标

师元在线课程资源平台建设涉及教师职前培养资源和教师职后教育资源的整合,涉及信息技术平台和教育资源平台的完善,涉及建设、管理、运行等多方面的机制与制度。

首先,建立多元主体运行机制。建立教师教育课程资源建设的多元主体运行机制是指教师教育课程资源建设主体要打破单一的限制,形成以中小学为中心、教育行政部门和教育学院共同参与的教师教育课程资源的多元运行机制。课程资源的开发主体不再局限于高校专家,而是由异质性的专家团队组成,其中包括一线的优质教育工作者。教师从课程的消费者变为课程的参与建构者。在师元在线课程资源平台建设的多元主体运行机制中,行政部门应提供建设所需的外在建制,高校专家应为资源建设提供理论方向与实施建议,而具有学习者和研究者双重身份的教师和专家一起参与资源建设的讨论,将教育教学的最新研究成果、优秀实践案例、有意义的认知资源、人际资源等纳入素材性资源建设的范畴,帮助教师敞开前理解、澄清自我、建构新认知。①师元在线课程资源平台希望通过开放多元的教师教育课程资源开发主

---

① 刘清昆.“互联网+”时代教师教育课程资源建设的实践变革[J].中小学教师培训,2017(5):25-29.

体,实现教师教育课程资源的有效整合和质量保证,满足教师的可持续发展需要。

其次,提供与时俱进的教师教育课程资源内容。师元在线课程资源平台的课程资源内容应随时代及教育实践的变化做出调整:师元在线课程资源内容应与学校教育实践紧密联系,更好地指导教师教学;应使教师具备应用信息技术进行教学的能力,以及在事物快速变化的信息化时代迅速调整其固有的教学方式和教学思想的能力;应考虑教师的个性差异和内在发展需求,更有针对性和时效性。另外,师元在线课程资源内容还应具有持续性和系统性,为教师的专业化和终身化发展提供有效保障。值得一提的是,师元在线课程资源内容不仅要为教师学习者提供学习资源,更应为教师学习者提供概念输入,帮助他们转变观念,[1]因为教师的教育观念、教育态度等也是教师专业发展的重要内容。

最后,构建开放的教师教育一体化课程资源体系。师元在线课程资源应打破单一的教师教育课程资源体系,构建职前教师和职后教师从熟练教师、骨干教师、优秀教师到专家教师的科学的、一体化的培养目标体系以及相应的课程资源体系,实现四方人员、技术、课程资源的整合,满足教师终身学习、专业化发展的需要。另外,为了更好地实现课程资源的一体化,师元在线课程资源平台将通过信息技术与课程资源的融合,使教师教育课程资源不再局限于传统的面对面的现实课堂,进一步扩展为在线学习的网络课堂,实现教师教育课程资源的开放性、多元性与共享性。

---

① 陈莉,刘颖.从教师培训到教师学习:技术支持教师专业成长的途径与策略[J].中国电化教育,2016(4):113-119,127.

二、课程在线资源平台的建设机制

为了充分利用现有的课程资源,因地制宜,多渠道、多方式地开发新的课程资源,充分实现教育信息化专业力量、信息化平台资源和信息技术人力资源的高效联动开发,西南大学充分整合校内参与机构、校外协同单位、领导小组、技术小组以及资源采集和加工小组等平台建设机构,构建了一支彼此支持、相互协作、合作共赢的团队,并进一步明确了参与机构和人员的主要功能和建设职责。

(一)建设机构

1.校内参与机构

西南大学有多家机构参与师元在线课程资源平台的建设,包括教师教育学院(原师范教育管理办公室)、教务处、信息中心、图书馆、网络与继续教育学院、研究生院、西南大学出版社等与师范生培养相关的职能部门和直属机构,计算机与信息科学学院、新闻传媒学院、物理科学与技术学院等相关参与学院。其中,教师教育学院和网络与继续教育学院是负责师元在线课程资源平台具体建设的主要领导机构。计算机与信息科学学院、新闻传媒学院、物理科学与技术学院等相关参与学院、信息中心负责师元在线课程资源平台具体建设中的技术工作,研究生院、教务处、西南大学出版社、图书馆等机构则负责处理师范生使用师元在线课程资源平台的相关事宜。

2.校外协同单位

除了西南大学校内机构,校外的中央教科所、中央电教馆、教师教育网络联盟、重庆市教育学会、8个实验区地方教育局、教师进修校、地方电教馆、

40个实习示范基地学校、西南地区教师教育协会、西南地区20余所高师院校以及平台开发承接公司等也参加了师元在线课程资源平台的建设。这些机构为师元在线课程资源平台建设提供了政策支持、技术支持和具体的课程资源建设支持。

3.领导小组

该小组由西南大学教师教育工作领导小组、西南大学信息建设工作领导小组以及部分校内参与机构负责人组成。领导小组负责制定师元在线课程资源平台建设的相关政策制度,为平台建设指明正确的方向,整合多方机构和人员的力量,并且在平台建设的过程中出现问题时迅速反应,及时解决问题。

4.技术小组

该小组由国内教师教育优质课程资源建设权威专家、计算机辅助教学平台设计专家、数据库开发维护专家,以及计算机与信息科学学院、物理科学与技术学院、新闻传媒学院等参与学院的相关专业教师与研究生共30人组成,涵盖平台需求、设计、开发、运行、维护各个技术环节,保证师元在线课程资源平台的正常运行。

5.资源采集和加工小组

该小组由在全校遴选的优秀师范类专业本科生和研究生组成,负责师元在线课程资源的收集和加工完善工作。

(二)建设内容

1.师元在线门户网站建设

以信息技术与教师教育的深度融合为重要手段,建设师元在线网络交流互动平台,整合信息发布、资源展示以及网络研修社区等功能模块,集中呈现创新实验区合作项目建设工作动态及特色资源。

2.师元在线教学资源平台建设

该平台能发布、展示包括"教学资源"和"精品课程"在内的教育教学资源,实现资源在各类终端设备上的在线播放、浏览、下载、评价等基本功能,打造师元在线特色资源平台,还能实现师范生在线观摩中小学课堂、职后教师共享西南大学教师教育专家讲座、双方在线教研活动等。

3.师元在线网络研修平台建设

构建能实现网络教研、交流、互动的教师研修社区,包括能发布教师教学资源(教学设计、教学案例、研修日志等)的工作室;建立教师学习共同体和实现资源共享的协作组;创建能模拟线下教研活动的功能模块(包括教研活动流程设计、讨论、话题、辩论、资源分享、协作文档、视频观摩等工具)。

4.师元在线教师专业发展测试系统的升级改造

研发基于教师教育职前职后一体化五级目标体系的分级分类教师专业发展测评体系,打造师元在线教师专业发展测试系统,应用认证式评价、诊断式评价等多元评价方式,客观、科学地评价教师专业发展水平,引导教师自测自学、自主提高,不断提升教师的课堂教学能力和实践反思能力,逐步推动教师由初任教师向熟练教师、优秀教师和专家教师转型。

(三)运行机制

师元在线课程资源平台是西南大学与实验区地方政府共同构建的教师教育创新实验区的一个子项目。西南大学与实验区地方政府还成功探索创建了高等院校(U)、地方政府(G)、教研机构(I)、中小学(S)"四位一体"(UGIS)的教师教育培养模式。其中,实验区地方政府与西南大学共同成立领导小组负责定期监督、考察和评估师元在线课程资源平台的建设、运行与成效,确保实验区的举措落到实处和子项目的高效运行。二者共同创建的教师教育创新实验区项目为师元在线课程资源平台的建设创造了开放的生长平台,通过广泛召集相关的专家和技术人员,整合高等院校、中小学、教师、技术人员等资源组成专家力量支持平台建设,同时制定相关政策制度为项目提供政策支持,加强对项目的宣传工作。

西南大学和实验区分别设立项目负责人,以西南大学社科处和财务处为项目经费管理部门,专门成立了师元在线课程资源平台建设项目组。师元在线课程资源平台建设项目组严格遵照相关制度要求进行项目管理,定期向领导小组汇报工作计划与进展,定期进行项目风险评估,并接受实验区建设项目小组和建设办公室的整体设计规划、日常管理、质量监控和项目验收。另外,西南大学作为师元在线课程资源平台的主要建设者,承担着平台建设的诸多工作。

一是为师元在线课程资源平台的建设提供制度保障。为全面部署平台建设工作,学校出台了《西南大学教师教育优质资源平台建设子项目管理办法》《教师教育优质课程资源建设标准》《基础教育优质课程案例建设标准》《西南大学师范类专业重点课程数字化建设评价标准》《教师教育网络联盟课程建设标准》《中小学课堂教学实录的技术规范与要求》等系列文件,为师元在线课程资源平台建设提供了统一的标准。此外,学校制定的《西南大学教师教育优质资源平台建设方案》《西南大学教师教育优质资源平台建设实施计划》《西南大学教师教育优质资源平台管理人员工作职责》等制度,进一步明确了师元在线课程资源平台建设团队的工作职责和具体分工。同时,《西南大学"教师教育创新平台"建设项目管理办法》也为规范、高效地使用平台建设经费提供了制度保障。

二是为师元在线课程资源平台的建设提供基础设施的支持。西南大学拥有7个教师专业能力训练基地、3个学科实验教学训练分中心、4个国家网联直播互动教室、100余间自主学习和微格教室,拥有大量的在线课程资源平台建设的硬件设施,这为平台的正常运行提供了坚实的物质基础。

三是为师元在线课程资源平台的建设提供专业人员的支持。西南大学的教育专家可以对平台的课程资源建设提供专业性建议;西南大学教育类专业的本科生和研究生可以利用他们的教育专业知识积极收集和加工平台所需的课程资源,使其更加具有针对性与可行性;西南大学计算机与信息科学学院等信息技术团队可以为师元在线课程资源平台提供技术支持;等等。

实验区教研机构结合自身的条件和优势,与各中小学学科教师共同构成课程资源开发、组织、选用和管理的双主体,针对教学改革和发展需要,通过协商共同制定课程开发的方案,联合开发课程资源,成为课程建设的"实践共同体"。共同体坚持"整体布局、立足校本、院校联动、共建共享"的思路,构建各具特色的课程资源体系和区域资源共享平台。其间,教研员与骨干教师合作二度开发教材,开发与选用教学课例(微课)资源、理化生实验资源、满足个性发展的校本特色课程、各类习题资源等,按照区、校两级构建学科教学资源库,实现资源效益最大化。实验区各中小学作为课程资源开发的重要阵地,发挥了重要作用。各中小学学科教师在平时的课堂教学中要不断发掘优秀的课程资源,并与教研组、教研机构以及高校教师保持密切联系,积极讨论课程教学中出现的问题,为师元在线课程资源平台建设提供课程资源和宝贵意见。

三、课程在线资源平台的建设内容

作为"师元学堂"平台的线上阵地,师元在线平台建设项目在当今大数据时代的背景下发挥了重要的引领、整合和共享作用。师元在线网络互动平台的实施主要包含4个子系统的建设,项目组在整合分析实施目标和实际操作可行性条件之后,最终采用分步推进的方式开展子系统的建设,于2014年1月正式启动,直至2015年12月历时两年基本建成。建成之后,项目组联合相关技术人员对师元在线平台进行不断的维护和调试,以求达到理想的教师教育专业化发展的目标。

(一)师元在线门户网站

西南大学引进基于B/S结构的师元网络学习平台,通过立项资助建设的方式,开展教师教育优质网络课程建设,建成教师教育重点网络课程240余门,涵盖教育学、心理学、学科教育学、各专业基础课等15个师范生培养专业课程。

学校充分利用"师元讲堂"、基础教育名师论坛、教师教育国际会议等渠道,大量采集优质视频学习资源,制作"开放视频课程",用于师范生自主学习。其中,"师元讲堂"专家视频讲座20余个、基础教育名师论坛视频课程50余节、教师教育国家会议视频10余个。学校还依托西南地区高师院校教师教育协作会,将西南地区高等师范院校优质课程资源进行重新整合设计,采众家之长,积极探索师范生能力训练课程共建共享新模式。目前,已建西南地区高师院校教师教育共建共享课程27门,拟建实验区中小学示范课程30门。

(二)师元在线研修平台

西南大学大力推动数字化学习资源建设,丰富教师教育课程资源和教学辅助资源,提高数字化课程资源的开放性和利用率;建成功能齐全、技术先进的教师教育网络系统、教学支持系统和一批教师教育优质课程资源库,建设充分满足师范生自主学习需要的学习平台和学习资源库。数字化学习资源导入TPI管理平台,实现一站式检索,构建"立体化教学资源",面向师范生免费全面开放。

(三)师元在线观摩平台

为了创新师范生实践教学模式,学校积极推进课堂教学在线观摩平台建设。师元在线教学观摩平台建设(实验区中学、小学各建1套平台),通过搭建师范生与中小学一线教师互动交流平台,帮助师范生在线观摩重点中小学课堂教学实景,实时开展教学见习、教学观摩、教学研究等活动,实现师范生在线观摩中小学实时课堂、职后教师共享西南大学教师教育专家讲座、双方在线教研活动等。实施实验区网络远程视频教育系统建设项目,搭建课堂教学在线观摩平台。该平台基于录播系统和网络技术,将教师教育创新实验区示范基地学校与西南大学联系起来。示范基地学校提供中小学课堂教学实景供学校师范生观摩、讨论,师范生可以通过语音、视频、电子白板与对方一线教师交流、互动。课堂教学在线观摩平台不仅让师范生适时观摩到常态化的中小学课堂,全方位了解课堂教学各个环节,学习如何处理课堂中出现的各种情况,而且通过课后与授课教师的互动,请教教学问题的解决办法,实现了中小学一线教师对师范生的指导。同时,实验区教师可以通过该平台接受学校为教学法教师组织的培训,并与专家在线交流,为学校师范生职前职后一体化培养提供了一种新的途径和模式。

(四)师元在线测试系统

学校自主研制开发的师范生课堂教学能力综合测评系统(其主要内容及运行流程前文已述),基于网络技术平台运行实施,高质量、高效率地对师范生课堂教学基本能力进行有效测评。作为师范生教学能力培养训练的"终端出口"和"质量总检",测评结果是师范生获得毕业证书、教师资格证书的基本依据之一。该系统运行效果良好,有力地促进了师范生专业能力训练质量和效益的提高。

四、课程在线资源平台的建设成效

师元在线平台在课程资源的有机整合和分享共建方面取得了有效的成果,形成了一系列教师教育精品课程资源库。该平台拥有素质拓展资源库、教学研究资源库、教学评价资源库、备课参考资源库、教学软件资源库等非常丰富的优质在线学习资源。同时,充分利用远程高清实时在线协同技术,如现场/远程观摩及基于网络的双向互动教学技术、开放的BB课程协同互动学习平台、语音识别技术、虚拟实验、情景再现模拟等信息技术手段,建成功能齐全、技术先进的一站式检索数字化教师教学能力发展平台。其中,教学观摩和教师专业发展测试系统尤为体现了平台互动交流的目标以及信息技术手段的创新融合成果。

(一)丰富的软件资源

现有的教师课程资源出现种类繁多、分散独立、低质重复的现象,导致课程资源建设多、使用少,数量多、精品少等问题。同时,由于各阶段课程资源开发分离、缺乏衔接,用于教师专业发展不同阶段的课程资源缺乏一体化统整设计,无法真正适应教师各阶段专业发展的需求,部分职前课程缺乏经典案例,与中小学一线教学实践存在差距,部分教育硕士所修读课程与职前培养阶段没有理论层次上的提升等,因此,师元在线平台课程资源组采用以课程为中心、以教材为基础的开发策略,根据课程类型、学科特色和教学目标,一体化设计课程资源的整体框架,从职前到职后,厘清各阶段资源目标,整合现有资源基础,自建本地特色资源等。同时,一线优秀教师还对相对薄弱的评价类课程资源、案例类和交互类课程资源加大开发力度,提高了资源的完备性。

1.中小学课堂教学资源库

中小学课堂教学资源既是教师团体智力的结晶,又是进一步促进教师团队持续发展的动力源泉。新时代的课堂教学资源是在现实情境和网络虚拟情境的交互作用中展开的,有机整合优质网络课堂教学资源并提供教师教学互动交流的平台是现代教师提高专业化素质的迫切要求。师元在线互动平台建立了高质量、易检索、能分享的课堂资源储存库,充分在教育教学领域融合了信息技术。师元在线互动平台所建立的中小学课堂教学资源库主要是按照学科来分类的。学科教学资源的主要内容包括：

第一，教材章(单元)文本解读：各学科根据课程标准和教材按章或单元开发章(单元)文本解读。教材文本解读注重具体、实用，重点解读教学理念、重难点、教学要求、蕴含的思想方法、实施教学的具体建议等，有别于教材配备的教师用书中的相关内容(一个学科的编写体例基本统一)。

第二，配套练习题：针对本章(单元)教学内容收集、编制配套练习题(含答案)。练习题以章(单元)集中编排，按基础练习题、能力训练题、拓展训练题分类编排。收集的优秀试题、检测题要注明年份、地区(试题数量：基础练习题约20道，能力训练题约20道，拓展训练题约10道；答案应给最简答案，附在本章试题末尾)。

第三，微课视频：在梳理主干知识点、重要知识点的基础上，按知识点开发制作微课视频，每个微课视频5~8分钟，每学期教学内容开发约60个微课视频。

【微课资源库案例】

共建微课资源库，化解教学疑难点
——以浮力单元难点突破为例

一、背景分析

在物理课程学习中，由于一些内容抽象难懂，或课前相关准备不足，导致学生跟不上课堂群体的节奏，觉得物理难学。在"互联网+教育"的背景下，如何利用微课精微、便捷、针对性强等优势，帮助学生化解学习困难，让物理课程易学乐学，是我们区域合作资源开发的项目之一。[①]

微课是时长一般控制在10分钟以内的视频课程，是有明确具体的学习目标、内容短小、集中说明一个问题的小课程。微课能够化大为小、化远为近、

① 王安民.巧借"微课"实现物理课程的易学乐学——听公开课"阿基米德原理"有感[J].中学物理教学参考,2016(8):19-20.

化抽象为具体,按照学习心理的注意力10分钟法则,让学生集中注意力有效参考课程学习。

在微课资源开发中,教研员作为区域合作团队中的重要人员,根据实际需求,策划微课助学项目,带领课程研发团队围绕顶层设计联合攻关,共同进行系列的学习资源开发。其基本思路是整体布局、立足校本、区域联动、共建共享。

下面以浮力单元"探究阿基米德原理"微课资源开发为例,阐明微课在化解教学难点中所体现出的价值,以及区域合作共同研发微课资源的机制、思路与策略。

二、开发过程

区域合作开发微课资源需要经历以下关键环节:

(一)组织区域教师进行文本解读

1.明确课标要求:通过实验,认识浮力。探究浮力大小与哪些因素有关。知道阿基米德原理,运用物体的浮沉条件说明生产、生活中的一些现象。

2.基于课标研读教材:在明确课标理念和要求的前提下研读教材,明确主题内容及其内在关联,并达成三方面共识,一是深刻理解教材文本之意蕴;二是明白编者的编写意图;三是透过文本追问教材所体现的理念、方法、策略与价值追求。在此基础上,依据学生特点提出个性化理解,给出教学具体思路和建议,并使其从文本形态走向课程形态。

本单元要解决的主要问题有:什么是浮力? 浮力是怎样产生的? 物体的浮沉条件有哪些? 影响浮力大小的因素有哪些? 浮力究竟有多大? 其中,浮力产生的原因、影响浮力大小的因素和阿基米德原理是本单元学习的难点。

(二)学习障碍分析

障碍之一:因浮力概念抽象造成学习困难。浮力属于效果力而非真实力,概念抽象不易理解,物体体积、排开液体体积和浸没液体体积容易相互混渚,影响浮力大小的因素与生活经验存在差异更是难以下手。通过现象观察、操作体验、对比分析建立充分感知是化解难点的关键。

障碍之二:因浮力知识综合性强造成学习困难。对浮力知识的理解依赖于力和运动、密度、压强等知识,会运用大量的半定量和定量分析计算。建立知识间的联系、以旧带新是化解难点的重要方法。

障碍之三:因浮力问题常常会涉及动态分析和大量的数学运算造成学习困难。形成分析浮力动态问题的清晰思路、寻找物理量之间的量变关系以及运用数学知识建立平衡方程是化解浮力综合问题的关键。

利用微课的优点,并采用信息技术手段来重组优化学习素材和资源,使之呈现出不同于传统课堂的表现形式,实现重复学习和移动学习,实践证明能够增大学习容量,化解学习障碍,提升学习成效。

(三)微课主题的确定

根据前面的课程内容分析和学习障碍分析,教研员、区物理中心组成员和学科基地学校一起寻找学生学习进阶的障碍,并确定了11个微课主题:用弹簧测力计测量浸没在水中的物体所受的浮力;探究浮力产生的原因;用实验感受物体所受浮力大小与排开液体体积的关系;探究浮力大小与排开液体所受重力的关系;探究阿基米德原理;探究物体浮沉条件;浮力的应用:潜水艇;浮力的应用:轮船;浮力的应用:飞艇;浮力的应用:密度计;浮力综合计算。

采取任务分担、联合开发的方式制作微课。项目负责组与学校协商,通过双向选择,将其分配到11所中学,每所中学承担一个知识点的微课制作。一个月后组织现场展示交流分享。

(四)微课构思与制作

1.微课创意构思:如何基于学生的生活经验加强直观启发,让思维可视化,并通过层层递进的设疑引导帮助学生学习进阶,在微课设计与制作中充分考虑以上策略的运用。

在微课设计上,我们尽可能体现"观察与实验、思维与逻辑"等浮力课程的学习特征,尽量选择"微而精"的内容,借助强大的网络资源,通过信息技术手段,用生动、幽默的语言和可视化的图景,将抽象、枯燥、难懂的知识化为有血有肉的、活生生的、易学乐学的知识形态,使之有足够的吸引力,让学生身临其境并为之心动。因此,在内容表现上我们坚持简洁明快的风格,在语言表达上我们力求精准、生动、鲜活、有趣,在资源样态取向上我们确保精微有趣,让微课有很强的代入感,让学生从情感到思维都深度参与学习过程;在问题取向上我们尽量"小(微)而精",一般围绕某个具体的点,而不是抽象、宽泛的面。

2.收集整理资料:根据微课的教学构思收集合适的资料,包括实物资料、文字资料、图片资料、视频资料等。这些资料可以从网站收集,也可以来自区域合作共建的学科资源库,教师自己平时留心收集也是必要的。然后,根据主题需要进行素材加工、筛选、配置和优化。

3.拍摄:微课的画面感很重要,应确保视频画质清晰、图像稳定、声音清楚(无杂音)、声音与画面同步。拍摄的环境要注意以下几点:必须是一个相对安静的环境,不能有过多的噪声;拍摄的背景要干净整洁;拍摄时必须把摄像器材固定好,不能有晃动;光照要充足。在利用录频软件录频时,需要配置一个专门的麦克风,这样能保持声音的品质。录制方法与工具可以自由组合,如手写板、电子白板、黑板、白纸、PPT、Pad、录屏软件、手机、DV摄像机、数码相机等可自由组合使用。

4.后期制作:在录制工作完成以后,需要利用影音软件(如"会声会影")对录制的视频进行剪辑,调整出需要的画面特效和风格。

(五)现场研讨与改进

各学校通过教研组集体攻关,一个月后将研制的微课进行展示交流,相互提出改进意见,回校后进行打磨优化,并配上微课使用说明,上交区项目组。区项目组将各校上交微课,按照知识展开线索进行编辑,并配上相关的拓展性资源。同时,给参与研发学校分配使用权限,让各校下载使用。

三、案例收获与启示

区域合作共同开发微课资源，构建起方便教与学的微课资源库，可用于课前预学、课中导学和课后补学。微课的介入，为学生的个性化学习提供了契机，为化解学习难点、促进学习方式的有效转变创造了条件，同时也锻炼了教师的课程开发与实施能力。在这个过程中，更为重要的是营造了区域合作的研修氛围，培育了团队合作的研修文化，让每一位教师都体会到物理团队就像一个温馨的大家庭，感受到背后有一个强大的团队在支持着，体验到团队分享的价值和快乐。

在区域合作共同开发微课资源的过程中，我们充分认识到互联网能超越时空的局限，给我们带来无限丰富的网络资源；"互联网＋"思维将带来学习方式、区域合作交流方式的深层次变革，在今后的教学改革、资源建设和专业学习中会日益彰显其价值。

当然，微课也不能完全替代现场学习，交往、体验和反思是学习的重要方式，我们应该把微课学习与学生动手实验和现场观察结合起来，给学生充分触摸、感知和体验的机会，让微课的价值得到更加充分的发挥，使学生在自主、对话、分享中更加高效地学习。

2.中小学教师教学案例库与教材展示库

（1）中小学教师教学案例库

案例类课程资源是各级各类精品课程资源建设的重要元素，整合中小学一线教学经典案例资源是有效提高课程资源针对性的重要策略。学校通过"校—院—地—所"四方联合的采集方式，整合学校、各师范生培养学院、实验区和示范基地、教科所等多方力量，打造具有区域特色和自建风格的基础教育课堂教学案例中心，并按照分层分类、合理布点、区域覆盖、课型多元的建设原则进行案例采集，实现一般案例和优秀案例的有机结合、本地和生源地区的完全覆盖、重点中学和一般中学的均衡兼顾、各类型课的完全整合。

2015年6月至12月,各学科开发团队系统梳理每学期教学内容的主干知识点、重难点,设计开发重点,按照范例模式全面实施开发工作,完成物理、数学、语文共计56个微视频的制作。2016年1月至12月,各学科继续优化团队,遴选重庆市渝中区中小学教师、重庆市北碚区中小学教师、西南大学优秀师范生充实团队,同时,每个知识点从三个维度进行解读,并请专家点评,完成物理、数学、语文一个学年共计30个核心知识点、80个微视频的开发任务,建成中小学教师教学案例库。

中小学教师教学案例库具备三大突出特征:一是跨区域组建经营开发团队。项目组整合重庆市渝中区中小学优秀教师、重庆市北碚区中小学优秀教师、西南大学优秀师范生,以各区学科研究员为引领,以各中小学优秀教师为核心,以优秀师范生为主,跨区组建精英开发团队。二是开创一个知识点多维度解读、专家点评的微课开发新模式。重庆市渝中区中小学教师、重庆市北碚区中小学教师、西南大学优秀师范生分别针对每个知识点进行精彩解读,学科教学专家对讲课过程进行点评。不同层次的学习者特别是中小学教师普遍认为,多角度的微课视频提高了他们的教学能力。三是基于"学科核心课程"的专题化微课开发设计。微课开发团队摒弃了按学科知识体系开发微课的思路,凝练出学科年段核心知识、学生必备关键能力以及教师教学中的难点内容构成微课单元,通过对微课专题系列化、连续性、层次性的构建,形成较为完整的内容体系,有利于学习者自主、个性化地探究学习,也为教师的教学带来实质性的帮助。

据统计,案例中心已收集、加工、整理、上传各类基础教育课堂教学案例700余个,包括西南地区中小学优秀教学案例、重庆市直属学校"师元杯"赛课案例、中央电教馆教学案例、随堂课教学案例、"同课异构"教学案例、少数民族教育优秀教师教学案例等优质案例资源。同时,学校还积极鼓励各师范生培养学院整合社会资源,进行案例采集和加工,已建成15个院级教学案例资源库,整理各具特色的学科教学案例共计500余个。在实习基地的建设过程中,学校充分利用学科优势帮助基地学校解决教学中的诸多问题,如为实习基地学校建设心理预警系统、建立中小学生心理诊疗室、构建校—校资源共建网,得到了实习基地学校的肯定和好评。

(2)中小学教材展示库

任何一门学科,只有拥有一套好的教材,才能为教学的发展打下基础。事实上,很多国家都把母语的掌握即听说读写能力的提高作为基本的也是最重要的教学目标。各国母语教材越来越注意密切联系学生的现实生活和心理发展特点,强调学生主体的言语实践活动。教材选材生活化,从学生的经验出发,从学生已知的生活出发,选择学生喜欢的、在学中能找到乐趣的材料,设置学生主动参与的言语活动。例如,强调研究能力是美国语言教材的一个特色,不管是低年级还是高年级,对此都有要求。初中一年级语言教材就要求学生写调查报告,而高中二年级英语教材则要求学生写研究论文,两者都要求学生从新的、独特的视角对某一主题进行调查研究,写出报告或论文。日本的语文教科书很重视现代科技发展,加大了科技说明文的比重。

为了加强师范生对国内外基础教育主流教材的了解,提高学科教学法教师队伍开展教材研究的水平,以国内外教材对比研究推动师范生教学内容和教学方法的改革,西南大学实施了国内外基础教育教材采购及研究计划,并积极筹建国内外基础教育教材展示中心。中心将陈列15个师范专业相关学科的国内外基础教育主流教材,包括教师用书、学生用书以及相关教辅资料和影音资料,同时规划相应的研讨区、阅读区以及影音区。建成后的展示中心将成为西南地区最大的国内外基础教育教材展示中心,并成为校内外专家开展基础教育教材研究的主要研讨基地和交流场所。同时,依托学校教师教育数字化资源平台,学校实现对所有教材资源的全面信息化入库,实现一体化快速检索,并与师范生自主学习平台对接。

【教材开发案例展示·国内】

西师版小学音乐课标教材分析

——音乐基地学校"教材二次开发"主题活动

一、案例背景

教材,是根据一定学科的任务,甄选和组织有特定广度和适当深度的学科内容、适当的知识结构体系,结合技能、情感态度与价值观共同组成的学习素材。它作为教学系统中的核心要素之一,承担着传递人类知识精华、培养未来社会主体的重要责任,维系着学校正常教育教学活动的开展,是反映社会需求和反馈教学效果的直接载体,其作用不可忽视。

我区自2004年开始使用西师版小学音乐课标教材,在10年的使用过程中发现,由于教师对教材编写体系了解不够全面,对教材所蕴含的音乐知识、技能体系的完整性、连贯性无法理解,对各教学内容之间的联系、教学内容呈现的层次性无法理解,导致课堂教学整体性不够,学年之间、年段之间缺乏衔接。这样的教学导致的结果是:学生音乐技能形成缺乏连贯性,年段教学支离破碎,课时教学目标随意性较大,小学阶段的音乐课堂教学所要达成的知识、技能目标无法完成。

自2011年开始,西师版小学音乐课标教材依据新颁发的音乐课程标准进行了修订,修订后的教材重新定位了音乐教学的理念,使音乐课堂教学回归到音乐的本质,这对音乐课堂教学提出了更高的要求。在这一背景下,为了帮助教师全面、系统地把握教材内容,促进使用学校、教师对教材的全面解读,区教师进修学院音乐教研员陈鹃老师牵头进行了"西师版小学音乐课标教材适应性调查研究"的课题研究。

音乐基地学校"教材二次开发"主题活动为课题研究中的一项内容,将从教材的结构和功能出发,打破教材原有以主题单元为线索的横向编写体系,将教材内容划分为"欣赏、歌唱、音乐活动、音乐知识、器乐教学"5个教学板块,从纵向体系上系统分析每一类教学内容的难度递进、目标呈现,从而了解教材每一类教学内容所蕴含的课程目标,帮助教师深入理解教材。

二、活动流程

音乐基地学校"教材二次开发"主题活动历时2年，分为3个阶段（见图6-1）。第一阶段为音乐专业知识水平提升阶段。在这一阶段中，通过一系列的音乐基础知识专题讲座，提升参与研究教师的音乐理论素养。第二阶段为分册教材研究阶段。在这一阶段中，将参与研究的教师划分为5个小组，分别对应5个研究板块，对教材进行逐册的分项内容研究。第三阶段为归纳总结阶段。在这一阶段中，将分册的研究内容按照板块划分进行竖向的总结，归纳出各板块内容的难度递进、目标呈现。

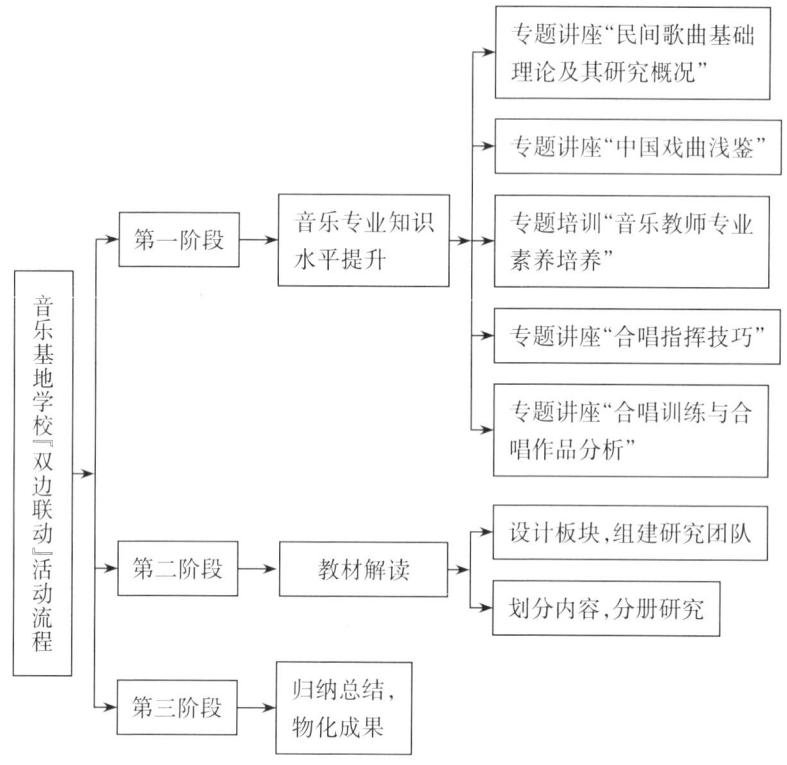

图6-1 音乐基地学校"双边联动"活动流程

第一阶段：音乐专业知识水平提升阶段

在课题研究之初，为了进一步提升教师的音乐理论修养和专业素养，提高教师把握教材、分析教材的能力，充分发挥音乐基地学校的辐射作用，我们将基地学校活动与教师进修学院的区域性教研活动有机结合起来,以"双边联动"的方式开展培训活动;先后多次邀请重庆师范大学音乐学院原院长齐江教授、区少年宫潘裕礼老师到我区开展区域性的专题讲座。区教师进修学院教研员陈鹃老师也利用教研活动时间做了题为"音乐教师专业素养培养"的专题培训。

在"民间歌曲基础理论及其研究概况"的讲座中,齐江教授从民间歌曲的相关概念入手,阐述了民间音乐、民族音乐与传统音乐的关系;围绕民间歌曲的特征及其分类、少数民族民间歌曲、民间歌曲的研究展开了精彩的解析。在"中国戏曲浅鉴"的专题讲座中,齐江教授从中国戏曲的产生、中国戏曲的分类、中国戏曲的曲式特点入手,深入分析了中国戏曲的体系、历史,为全区教师补上了有关戏曲的专业知识。齐江教授的讲解幽默、生动,在讲解中还不时哼唱出一段段民歌小调,和音乐老师展开互动,充分调动起了参培教师的学习热情,培训会上歌声不断、笑声不断。

在"音乐教师专业素养培养"的专题培训活动中,陈鹃老师针对"基于音乐本体的教学设计"这一主题开展了两次主题讲座。在讲座中,陈鹃老师带领全体音乐教师结合许多歌曲实例,针对调式和曲式两个大类进行了详细的分析。通过此次培训,我们加深了对调式中的西洋大、小调式与中国传统民族调式区别的认识;同时,还了解了歌曲曲式结构的基本单位和各种常见的曲式结构知识。培训的内容精彩、具体、专业性强,不但能提高教师备课的准确性和时效性,还能有效地提高我区小学音乐教学、教研质量。

潘裕礼老师在其开展的"合唱指挥技巧""合唱训练与合唱作品分析"两次专题讲座中,就合唱指挥的基本手势、指挥手势设计、合唱作品的分析处理、合唱训练的技巧展开了全面的培训。通过培训,教师在了解合唱训练、指挥技巧的基础上,深入认识了合唱教学的内容、目标、方法,提升了教师对合唱教学的认识。在培训中,潘老师深入浅出的讲解、身体力行的示范,带动了参与培训的教师全方位地参与到培训活动中。

第二阶段:教材解读

1.设计板块,组建研究团队

为了让研究工作能够有序进行,在区教师进修学院教研员陈鹃老师的统筹领导下,设置了"欣赏、歌唱、音乐活动、音乐知识、器乐教学"5个板块,由区学科中心组成员担任"板主"。

在一次区域性教研活动上,陈鹃老师首先阐述了每个板块的研究任务,介绍了各板块"板主"的情况。随后"板主"依次登场介绍自己的研究思路、策略,开始"招兵买马"。

"板主"热情洋溢的介绍、教师积极的报名参与将活动推向了高潮。在报名结束后,各板块均收纳了10多名参与研究的教师。其中,以参与"歌唱"板块研究的教师人数最多。

2.划分内容,分册研究

西师版小学音乐课标教材以主题单元的形式呈现内容,每个单元中均包含了"欣赏、歌唱、音乐知识、音乐活动、器乐教学"5项内容。在课题研究组活动中,针对教材分析的方法,陈鹃老师再次对参与课题的教师进行了专题的培训,提出了教材分析的内容、方法,并给出了分析范例。

随后,陈鹃老师将各册内容进行分类,并对内容进行逐个的介绍。再由"板主"对各册内容进行组合,将教材的"横向"线条梳理为"纵向"线条,并将各个内容分配给参与研究的教师进行教材分析。

对教材的分析蕴含了两个维度:音乐作品分析、作品适应性分析。

对音乐作品的分析,要求以音乐为本体,分析音乐的基本结构、调式体系,挖掘音乐所蕴含的情感、思想内容,剖析音乐要素在音乐表现中的作用。

作品适应性分析从教师、学生两个方面入手,分析音乐作品的教学适应性。

在对教材进行逐册分析的同时,跟进的是各册教学内容的分析介绍。利用区域性教研活动,各板块的"板主"将各册的研究成果及时介绍给全区教师,帮助教师深入理解教材、使用教材。

第三阶段:归纳总结,物化成果

通过逐册的分项研究,将西师版小学音乐课标教材的12册内容,按照"欣赏、歌唱、音乐活动、音乐知识、器乐教学"5个纵向分类进行系统分析。以文本的形式,阐述教材内容的难度递进、音乐知识技能的系统性、内容呈现方式与年段的关系、教材教学目标体系。

各"板主"将各册教学内容分析整理成册,形成板块内容体系后,依据各册内容分析,系统梳理出各板块内容的呈现体系,分析出各板块内容的难度递进、教学目标、教学内容的适应性,形成书面成果,构成全区共享的教学资源。

三、活动总结

本次研究活动是重庆市渝中区教师进修学院依托学科教学基地开展的学科教学教材的二度开发研究。在活动过程中,重庆市渝中区教师进修学院与基层学校密切合作,双向互动,体现了"院校联动"的教研方式。参与研究的教师涉及全区各小学的在职音乐教师,大量一线教师的深度卷入更加充分地体现了"双边联动"理念。

广大一线教师在参与研究的过程中,充实了自身的专业知识,积累了丰富的教学资源,同时将研究的理念深入到校本教研中,研究生成的成果均来自教学实践过程,具有真实性与可操作性。

本次研究活动还为学科教研提供了一种新的思路,即将科研与教研相结合,将教师培训与科研相结合,最终实现通过提升教师专业素质,从而全面提升学科课堂教学质量的目标。

3.教师教育课程资源库

西南大学实施教师教育优质课程资源建设计划,通过科研立项、遴选评优、自筹自建、海外引进四种途径积极搭建资源平台,构建设施先进、资源丰富、环境优良、管理规范的教师教育优质课程资源平台,有效整合国家精品课程、开放视频公开课程、教师教育网络联盟课程等优质资源,大力推广和促进国内外优质课程资源的开放和共享。

依托教师教育网络课程学习平台,西南大学承担了首届免费师范毕业生返校攻读教育硕士网络课程的建设工作,完成了与教师教育网络联盟的对接,形成了6所部属师范大学教师教育优质课程资源"校—地"共建和"校—校"共享的协同模式,实现了教师教育优质课程资源最大限度的双赢互惠。目前,学校通过立项建设的方式,资助建设了20门教育硕士网络课程,所有课程已经全面上线运行,实现了跨校互选和学分互认。学校还通过与实验区和示范基地学校的共建共享,深化教学内容和教学方法的改革,进一步提升公费师范毕业生返校攻读教育硕士培养的有效性和科学性。同时,学校还积极搭建教育硕士课程资源平台,协助教育硕士培养单位开展能力训练、远程学习、自主学习、基地实习、技能测试等实践教学工作,全力做好公费师范生攻读教育硕士的培养工作。

据统计,学校已建成近30门西南地区高师院校师范类重点课程,资助贵州省毕节师范学院250万元的教师教育优质数字化课程资源,并与陕西师范大学等5所高校建立起师范生交叉培养机制,并逐步探索形式多样且内涵丰富的协同创新模式。

【案例展示】

"中小学教育研究方法"课程案例

由西南大学陈时见教授以及西南大学教育学部相关专业副教授、博士等负责授课并制作的"中小学教育研究方法"课程,属于职前教师教育课程资源建设的部分,利用了线上平台的呈现方式,其内容设置以及平台呈现都有一定的示范作用。"中小学教育研究方法"是教育硕士专业学位基础课程,也是教育硕士教育学类课程的主干课,是一门有目的、有计划、系统地介绍教育科学研究的方法,促进学生有效地运用教育研究方法去研究教育问题、探索教育规律、丰富教育理论的基础性课程。共36学时,2个学分。

课程目标：

通过课程学习,让教育硕士研究生了解学校教育研究的基本原理,掌握教育研究方法,在学校教育研究工作中正确应用各种研究方法,增强教育研究意识,提高专业素养,成为研究型的中小学教师。具体课程目标如下：

1.了解学校教育研究的基本概念、基本原理和主要理论；

2.掌握教育研究的一些基本方法,形成教育研究的基本能力；

3.能独立进行研究课题的设计、开展课题研究论证、撰写研究报告或学术论文。

教学方法：

本课程教师要根据课程总目标以及各单元教学目标,结合学生的实际与需求,为学生的课程学习提供多样化的教学。本课程教学的主要方法有：

1.教师讲解。在教育研究的基本原理和研究方法的意义等方面的教学主要采取教师讲解的方式,这样才能让学生在较短时间内获得大量的有关教育研究方法的研究成果信息,扩大学生从事教育研究的视野。

2.案例教学。对于教育研究的具体方法教学可采用案例教学法,学生可以借助案例直观地认识各种研究方法的特点及其操作技术要领,加深对教育研究方法的理解。

3.任务教学。由于教育硕士研究生的学习是在职学习,可将教育研究的方法与他们的教育教学实践相结合,采取任务教学方式,如进行调查研究和行动研究。这既是教育研究方法的运用,又能帮助他们改进学校教育教学工作。

4.研讨教学。对于使用具体研究方法时应注意的问题等相关内容的教学,应基于学生使用方法的体验,通过小组研讨的方式,让学生充分交流、相互借鉴,提高其运用研究方法的能力。

5.实作训练。每一个专题的学习均应注重学生的实作训练,要求学生结合专题学习内容进行实作练习,并提交实作练习成果。

6.自学辅导。学生在职学习本课程,自主研修是主要学习方式。教师要对学生的自主研修进行适时辅导,及时帮助学生解决自主研修中遇到的困惑和问题,保证学生自主研修的效果。

教学内容与学时安排:

第一章:导论(6学时);

第二章:教育研究的主要类型(10学时);

第三章:教育研究的实施技术(12学时);

第四章:教育研究的实施过程(8学时)。

资源类别:

1.教学视频;

2.章节测试题4套;

3.期末测试题1套;

4.围绕每个知识点有PPT、案例以及拓展资源;

5.推荐教材清单;

6.学习资源网站。

案例收获与启示:

高校教师、中小学一线教师以及课题组教研员共同开发构建了职前教师课程资源体系与内容,并利用网络在线平台,呈现了具体的、多样的课程资源。每一章节之后都有线上测试题供学生检测自己的学习效果;期末有综合测试,题型多样,考查学生的知识巩固情况。每一个教学视频都配有相应的PPT供学生参考,学生的整个学习过程都可以被平台检测到,便于教师及时反馈学生的问题,掌握学生的学习动态,及时调整考查策略,给予学生更多的空间去理解知识、运用知识,真正实现随时随地共享学习资源、共建学习资源。

(二)完备的硬件资源

1.师元在线平台

为了创新教师教育课程理念,改革教学内容和教学手段,大力促进师范生自主学习能力的提升,提高教师教育信息化管理和运行水平,西南大学以建设高水平硬件平台为支撑,自建和购买各种软件系统,建成了师元网络课程学习平台、微格教室网上预约系统、教学技能测评系统和网上在线观摩系统等;建成了千兆到骨干交换机,千兆到桌面的高性能千兆局域网;以无盘工作站系统为依托,建成了自主学习中心实验室10间,购买了计算机600余台、IBM高性能服务器15台、有效存储空间60余TB;依托F5防火墙,实现了重要服务器的双机热备和服务器集群的负载均衡,为平台的高速、安全、稳定运行提供了有力的支撑。

随后在各实验区建设师元教学网络平台,提高了实验区教学信息化的进程,满足了教学工作各个层面(课程建设与管理、师生在线教与学、信息管理与发布、资源的汇集管理与应用分享等)的需求,帮助学校实现了网络教学的现实管控和质量提升,使教与学更富乐趣、更有效果,不再受空间和时间的限制,并轻松实现了资源共享。

2.教学观摩系统

师范生通过在线观摩、小组研讨、实地观摩等形式,完成教育见习、研习计划。西南大学以实习示范基地的示范、辐射效应带动其他实习学校的建设和发展,逐步形成部分综合性核心示范基地,带动师范生教学实习质量的全面提升。

目前,西南大学已建好4套在线观摩系统,在国家教师教育创新(西南)实验区示范基地学校建成14套在线观摩系统。学院已经建立较为完善的在线观摩平台管理办法,根据师范生培养学院以及授课教师的需求,协助学院与基地学校预约在线观摩课程,动态管理在线观摩平台,最大限度地发挥平台效益,促进师范生提高课堂观察能力和实际执教能力。

在线观摩平台、师元网络教学平台覆盖了西藏、四川、广西、云南、贵州、重庆等六省(区、市)教师教育实验区,涵盖了小学、初中、高中、电教中心等不同类型的教学单位,实现了高校与中小学的"无缝对接"。

在线观摩平台的运行推广,有利于各实验区内优质教育资源共享,促进区域内教育均衡发展;有利于实验区之间进行教育教学交流,促进西南地区教育教学水平的共同提高;有利于师范生开展教学见习、研习活动,促进师范生创新思维能力和教育教学实践能力的提高;有利于高校教师教育与基础教育协同发展,发挥高校对基础教育的引领作用。

3.教师专业发展测试系统

通过贯穿教师职前、入职、职后相互衔接、连续统一的三阶段培养模式,项目组研发了师元在线教师专业发展测试系统,打造了基于教师教育职前职后一体化五级目标体系的教师专业发展测评体系,提升了教师的课堂教学能力和实践反思能力。此外,校地协同合作开发了教师专业发展数字化资源库,搭建了校地互动、共同提升的网络研修平台,实现了师范生在线观摩中小学课堂、职后教师共享西南大学教师教育专家讲座、双方在线教研等参与式活动。

师元在线教师专业发展测试系统具有三大特点:一是科学性。测评标准体系含教案设计、课堂实录、课后反思、多媒体课件4个测评项100余个测评指标,测评专家由高校和实验区中小学专家共同组成,保证了测评的科学性。二是公正性。测评全程实行网上匿名评审,专家评分差距超过阈值自动转入三评、仲裁测评,保证了测评过程和结果的公正性。三是便捷性。测评材料网上提交,专家异地网上评审,方便快捷。

师元在线教师专业发展测试系统具有三大作用:一是有利于准确评价教师的教学水平。聘请具备丰富教学经验的高校和中小学专家利用科学的评价体系开展网上测评,保证了测评的准确性和针对性。二是有利于调动教师自主学习提升的积极性。此系统克服了现行的教师专业发展能力评价中存在的公正性、准确性问题,调动了教师自主学习提升的积极性。三是有利于促进教师对教学内容和教学方法的改革。此系统以问题为驱动,发现、诊断教师课堂教学中存在的问题,以评促训,构建"测试—反馈—训练—提高"的教师专业能力提升新模式,推动教师对教学内容和方法的改革。

4.TPI教学资源平台

TPI教学资源平台中的数字化学习资源面向师范生免费全面开放,其内容主要包括:

①素质拓展资源库,提供100余部(篇)古今中外名著、名篇,以及专家讲座视频。

②教学研究资源库,提供并适时更新中国基础教育期刊全文600余万篇(包括完全版、高中版、初中版、小学版)。

③教学评价资源库,提供中央电化教育馆新课标智能题库系统(含高中、初中各年级、各学科同步或综合试题试卷及答案的制作)。

④备课参考资源库,提供900多册国内多种在用版本的中小学电子教材、10余万条中央电化教育馆教学资源库资源、1000余条教学辅助资源、200余幅中学flash电子挂图。

⑤教学软件资源库,提供仿真物理实验室、仿真化学实验室、数理平台、几何画板等教学软件。

(三)有效的专业支持

师元在线课程资源平台建设启动以来,为师范生的培养和教师职后专业发展提供了专业化的支持。

1.优化教师职前成长路径,助力教师教育一体化

师元在线课程资源平台将"合格教师的基本素质"作为职前培养目标,建立了开放的专业课程体系,让师范生在学习教育理论知识与专业技能的同

时,能够在线观摩中小学的课堂教学,还能在线对自己的专业发展能力进行测评。通过精品课程学习和在线观摩等手段,促使师范生在职前初步建立教师的角色意识、角色体验和角色行为,完成教师的"角色准备",为迅速适应教师新岗位打下坚实基础。[①]通过师元在线课程资源平台,师范生以精品课程、在线观摩、专题微课、持续的专业支持等多种形式进行教师专业能力提升,优化了职前教师的成长路径。

建设教师教育一体化课程,适应了教师教育一体化发展要求。教育部在2014年出台的《教育部关于实施卓越教师培养计划的意见》中提出了"优化整合内部教师教育资源,促进教师培养、培训、研究和服务一体化"和"重点探索本科和教育硕士研究生阶段整体设计、分段考核、连续培养的一体化模式"等教师教育一体化的发展要求。师元在线课程资源平台适应了教师教育一体化的发展趋势,利用四方协同共建的优势,对高校、中小学等的课程资源加以整合,实现职前培养与职后培训课程的一体化。[②]另外,师元在线课程资源平台不断更新与时俱进的课程资源内容,帮助师范生在信息日新月异的时代,紧跟世界的潮流,不断学习新的专业知识和专业技能,了解自己学科的最新进展和变化。这有利于他们在具体的教学情境中更好地学习和运用教学技能,重构自己所学的教育知识与理念,更好地适应和胜任教师实际的工作岗位,成为真正意义上的合格教师。职前教师培养可以为职后教师培养打下坚实的基础,从而促进教师教育一体化。

2.推动教师职后专业发展,满足教师终身发展的需要

第一,转变教师职后专业发展目标,推动教师向熟练教师、优秀教师和专家教师的转型。师元在线课程资源平台立足于教师终身专业化发展理念,针对职后教师群体培养熟练教师、优秀教师和专家教师。丰富的理论知识、优秀的研究能力以及教学能力是一名优秀教师必不可少的专业素养。然而,有

---

① 李跃文.一体化视域下教师专业发展路径探析[J].中国成人教育,2015(21):101-103.
② 钟启泉,王艳玲.从"师范教育"走向"教师教育"[J].全球教育展望,2012(6):22-25.

的教师认为自己的任务就是搞好教学,不需要做研究;有的教师只顾做研究却忽视了课堂教学本身。师元在线课程资源平台为职后教师提供学习研究所必需的理论知识,让职后教师发挥自身所处环境的优势和自身教育专业素养的优势,根据学生与课堂的实际需要和具体问题进行有效的知识建构,提升理论研究能力与反思能力。同时,还推出了交流研修和在线测试板块,让职后教师将课堂学习和与教师同行进行交流结合起来,使其在熟练掌握教育知识与技能的同时,更能从自己的教育实践出发,以已有的经验为基础,以所学的理论为指导,对实际的问题进行反复的观察、审慎的反思,边实践,边研究,以实践促研究,以研究指导实践,从而成为一个自觉的实践者。[①]

第二,提升职后教师的自主发展能力,促进教师终身可持续发展。师元在线课程资源平台提供了理论与实践相结合的精品课程和多维度的微课,为教师提供了多样化的学习视角。精彩的专家点评为学习者提供了教学反思提升的空间,多角度的微课视频提高了学习者的教学能力,连续性、系统化的课程内容有利于学习者自主地开展探究性学习。这样既巩固了职后教师的教育理论知识与能力,也提升了职后教师的自主学习能力、自主反思能力和自主创新能力。另外,师元在线课程资源平台的在线研修板块为职后教师提供了一起研究讨论的机会,建立起高校与高校教师之间、高校与中小学教师之间的教师学习共同体,[②]让他们在学习共同体中进行思想、经验的碰撞。这让职后教师能够学习丰富的教育理论知识,了解不同教师制作的教学设计、教学案例和在教育实践中思考的问题,提升自身的自主学习能力和教育研究能力,创造性地形成解决新问题方案的能力,进而形成创新能力和创新意识,由此可能重视对学生创造意识和能力的培养,实现教育的价值。[③]师元在线课程资源平台的课程是根据不同职称、不同岗位特点的教育、教学问题所激发的需求及理论与实践相统一的原则设置的,使不同层次、不同需要的教师

---

① 唐玉光.试论教师教育的专业性[J].教育研究,2002(7):61-65.

② 余德英."互联网+"背景下教师教育课程资源的建设[J].教育理论与实践,2016,36(23):28-30.

③ 叶澜.新世纪教师专业素养初探[J].教育研究与实验,1998(1):41-46,72.

通过各种途径,自发地、积极地各行其道,①不仅保障了职后教师教育的实效性,也为教师可持续发展提供了可能性。

3.整合优质教师教育课程资源,实现共建、共享与共赢

第一,突破阶段和空间的限制,整合优质教师教育课程资源。师元在线课程资源平台将职前与职后的教师教育课程资源统一起来,充分整合师范院校、教研机构、中小学的教师教育课程资源。其中,师范院校主要依托教师教育课程中心、教师教育自主学习中心、现代教育技术中心等实施教师教育课程资源开发与建设:一是整合了各学科教育专家、中小学各学科骨干教师、教研机构学科教研员组成专家力量;二是整合了教育技术、计算机软件和计算机网络等技术力量,实现对课程资源开发技术平台的整体设计、需求规划和技术支撑;三是整合了中小学、教研机构等力量,建立教师教育课程资源协同共建基地。②师元在线课程资源平台通过四方协同的建设机制,最大限度地整合高等院校、地方政府、教研机构以及中小学等方面的资源,搭建中小学课堂教学在线观摩平台、教师课堂教学能力综合测评系统等系列教师专业能力训练平台,③为教师提供了丰富多元、系统连续的教师教育课程资源,满足了职前职后教师的终身发展和专业发展需求。

第二,建设"UGIS"一体化的教师教育体制,促进各主体与课程资源的融合与共生。西南大学突破现行体制机制障碍,充分发挥地方政府、教研机构和中小学在教师教育队伍建设中的重要作用,探索创建了高等院校(U)、地方政府(G)、教研机构(I)、中小学(S)"四位一体"(UGIS)的教师教育培养模式,改变了长期以来在教师教育改革发展中各自为政、彼此隔离、资源分散的局面。④师元在线课程资源平台在进行课程资源开发的过程中,建设团队整合了重庆市区内外对某学科教学具有示范引领的教师与高校院所的专家,充分

① 郑友训.教师教育一体化课程建构的理论与实践[J].课程·教材·教法,2006(6):71-76.
② 肖瑶,张学斌.教师教育一体化课程资源及其建设[J].教育研究,2015(8):112-115.
③ 刘义兵,付光槐.教师教育一体化发展的体制机制创新[J].教育研究,2014(1):111-116.
④ 刘义兵,常宝宁.教师教育一体化师资队伍建设及其创新实践[J].教育研究,2015(8):121-124.

利用教研员具有上联高等院校及教研院所的专家学者,下联基层一线教师的独特优势,构建多边合作引领的"智囊团"。在这种模式中,政府担任着政策支持和宣传支持的角色,主导高等院校、教研机构和中小学的协作方向与目标。其中,高等院校、教研机构与中小学的协同合作为师范生提供了更多实践观摩学习的机会;中小学教师则通过接受系统专业的继续教育,提升自身的专业能力和教育研究能力,更好地为教育实践服务,从而提升区域内的教师素质和教育水平。在"UGIS"一体化的教师教育机制中,四方相互协作、相互分享、共同受益,达到了共建、共享与共赢的效果。

(四)积极的建设经验

1.教师教育在线课程的平台建设

自2012年以来,教育部先后启动精品视频课和视频公开课建设项目,并于2015年颁布《关于加强高等学校在线开放课程建设应用与管理的意见》,将加大优质数字教育资源开发和应用力度,探索在线开放课程应用带动机制,加强"慕课"建设、使用和管理列入工作要点,这标志着以慕课为代表的网络在线课程建设与应用进入政府统筹推进的范畴,必须予以高度重视。随着《2018年教育信息化和网络安全工作要点》提出出台教育信息化2.0行动计划、印发加快推进"网络学习空间人人通"的指导意见等战略任务,我国的大学在线教育迎来了发展的新时代——以教育信息化促进教育现代化,这为我国大学在线教育发展提出了新的战略任务:推动国家开放大学云教室建设,建设7个教师信息技术应用创新培训平台,开展一系列教育信息化应用服务活动,以使教育信息化对教育扶贫和网络扶贫的支撑作用充分显现。加之第四次工业革命与人工智能方兴未艾,教育智能化成为在线教育发展的重要趋势。

(1)各级教育部门需要重视在线课程建设

《教育部2015年工作要点》中提出:"继续加大优质数字教育资源开发和应用力度,探索在线开放课程应用带动机制。加强'慕课'建设、使用和管理。"国家对高校数字化课程资源建设将从国家精品资源共享课和国家精品视频公开课向MOOC（massive open online courses，大型开放式网络课程，即慕课）和SPOC（small private online course，小规模限制性在线课程）转变。

目前，MOOC在我国所涉及的领域，都是政府深度参与和主导的教育领域，比如大学、研究院、各级各类终身教育机构等，都有它的身影。这些领域也是涉及意识形态、宣传教育、公共财政等的重要领域，影响社会的方方面面，所以政府的参与和主导是不可避免的。教育部出台的《关于加强高等学校在线开放课程建设应用与管理的意见》中已经提出了在线开放课程建设的具体任务和目标，各级教育部门要认真贯彻文件精神，积极推进在线课程建设。

（2）各高校内需要积极推进在线课程建设

在线课程的建设与应用是一项创新性的系统工程，在学校内部，它直接挑战学校的教学管理和教师的课程设计与实施，同时又必须和学校的发展战略紧密契合。要鼓励高校发展SPOC，SPOC能够使课程完成率更高、教学互动性更强、教学主动性更大、学科适应范围更广，弥补了MOOC的短板，二者相辅相成，共同成为高等教育在线课程的主体。

首先，要提高教师的整体素养；其次，高校管理者必须对高等教育在线课程的概念与核心理念有深刻的理解，明确学校的发展定位，做好在线课程的建设与整体规划，在学校内形成课程改革的氛围；最后，要鼓励高校选择学校优势专业、优势学科、具有在线传播优势与符合社会需求的公共课程，由优秀教师团队组织开发SPOC在线课程资源，使其能够对外共享，面向社会提供教育服务。

（3）各高校间需要建立在线课程资源共享机制

基于优质课程资源共享的理念，让在线课程服务其他高校和校外学习者是在线课程建设的核心目标之一。这是对传统课程服务模式的拓展，是一项创新性的工作。鼓励在各高校联盟的学生中推行跨校选课与学分互认机制，以整合资源或调整战略的方式进行高等教育协同创新，结合本校人才培养目标和需求,建设满足不同教学需要、不同学习需求的在线开放课程或课程群。通过在线学习、在线学习与课堂教学相结合等多种方式应用在线开放课程,不断创新校内、校际课程共享与应用模式。积极探索采用信息技术拓宽学习服务渠道,试点探索跨校选课与学分互认机制的建设。不断创新人才培养模式,满足学生日益增长的多样化学习需求。

(4)吸引外界力量参与在线课程专项智库建设

政府部门在制定在线高等教育专项发展规划的同时,还应加强在线高等教育的理论与技术研究。为了提高研究的专业化和职业化水平,应探索建立在线高等教育理论与技术研究智库。在现阶段,可依托现有的高校智库开展有关在线教育理论、互联网技术、课程开发技术、课程资源转化技术等方面的基础和应用研究。在条件允许的情况下,以高校为单位,鼓励各高校探索建立教育科学、计算机信息科学、认知神经科学、人工智能等交叉领域的联合研究共同体,致力于探究本校在线高等教育发展的课程设计与开发、技术应用与研发、MOOC等在线课程模式的创新与应用、在线教育课程的设计等。在此基础上,以区域为单位,由当地政府部门牵头,组织区域内的高校、在线教育行业中的成熟企业、在线教育培训机构、国内外运行稳定的在线教育实体等单位的专家学者共同成立区域性在线高等教育理论与技术研究智库,旨在充分利用区域内的教育资源,在开展在线高等教育的同时,吸纳更多相关企业加入进来,适度引入市场经济行为,以合理有序的竞争推动区域内在线高等教育的发展。政府部门为区域性在线高等教育理论与技术研究智库提供一定比例的资金和技术等资源,并通过下达科研项目等形式,灵活地吸引高校和在线教育行业企业参与智库建设;合理地运用市场经济手段,在高效配置教育资源的同时,保障智库的正常运行。

(5)构建基于在线课程的终身学习体系

选择一部分能满足社会需求的公益类课程和培训类课程,由政府或者学习者购买服务,由政府提供平台与政策支持,面向社会开放,并逐步形成在线课程服务社会的新模式,从而建立面向终身学习体系的课程平台,为终身学习体系构建奠定基础。

在面向全社会提供学习服务的背景下,学习者通过选课学习各种公益类课程,通过购买服务学习各类技术和知识,提升自己创业、就业、工作的能力。政府也通过这个完整的服务体系,开展相应的教育活动和服务,极大地促进教育资源的公平获取,进一步促进在线课程学习的服务机制的建立。

2.教师教育资源的开发与创新

学习资源是在线教育课程资源的支撑,也是在线教育发展必不可少的要素。只有为学习主体提供丰富的学习资源,才能使其与课程资源形成有效对接,发挥出在线教育的价值。由于选择在线教育学习的受众群体具有不同的年龄特征、学习基础等,因此在设计在线教育学习资源时,应针对不同学习主体的接受能力与认知能力设计不同的在线学习资源,要充分考虑到某一知识点能够通过哪些学习资源被不同的学习主体接受。这就要求在设计在线教育学习资源时,要注重为学习主体提供多角度、多层次的信息资源,从深度和广度上满足不同知识水平学习主体的需求。

(1)学习资源的角度

首先,要保证学习资源符合教学规律和学习主体的认知特点,在坚持科学性的前提下,利用先进技术手段设计出资源的不同类型和文件格式,便于学习主体在不同的终端设备上进行使用。其次,在提供不同版本学习资料的基础上,加强技术攻关,采用良好的链接形式便于学习主体在教学过程中打开链接,迅速找到要补充的资料。再次,学习资源的链接不能是普通的链接罗列,而要根据学习主体在教学进行时的动态需要,有目的、有针对性地提供相关链接,保证学习主体需求的及时满足。最后,在以上基础上,还要注重学习资源是否重复。在学习主体的学习过程中,不同的学习资源链接会出现在屏幕的不同位置,学习主体可根据自身需求选择不同的链接,这时应将不同链接的标识做以区分并加以说明,说明各个链接的大概内容、与教学过程的关联度等,从而引导学习主体深入学习。与此同时,还要注重学习工具资源的设计。学习工具资源如同常规学习中的文具,为学习主体的正常学习提供方便。在线教育课程设计者应注重学习交流工具、反馈工具等的设计,并为不同学科绘图、画表等特殊性设计相关在线教育工具。

(2)教师教育资源的借鉴与创新

在线教育中的文化适应理念与我国积极推进教育开放有着契合之处。在我国国际竞争力和影响力不断提升的当下,要加强在线教育课程资源的科学化建设,继续打造、更新一批有含金量的课程资源,但也要注重课程资源建设的规范化,完善相关保护措施,鼓励合作、共享。首先,要通过名校名师示范作用,组织专业的复合型开发团队,设计一批具有代表性、系统性与示范性的经典课程资源。其次,要进一步完善共享合作机制。通过统一平台建设,打破高校与教育机构各自为政、不愿共享的现象,同时将西方开放课程的共享协议进行本土化运用,构建国内在线教育的知识产权体系,从而促进在线教育课程资源的共享,确保在线教育课程资源的设计与开发能够持续互动发展。最后,要制定完善的在线教育课程资源开发标准,加强在线课程资源建设的规范性,为资源共享奠定基础。

在教育资源的创新运用中,政府部门、高等院校、中小学、在线教育机构等主体应在协作中共同发展。首先,对于政府来说,以工信部为主要牵头单位,为在线教育的发展提供技术支持和政策支持;立法机关应加快与在线教育发展密切相关的互联网活动立法,从而保证在线教育的发展有强有力的政策支持和保障,为技术的发展营造良好的社会环境。其次,以具有开展在线教育资格、条件的高等院校以及当地一线中小学为主体,联合社会科研机构、在线教育机构共同开发优质国家精品在线开放课程资源,特别是应结合区域的实际情况,依托区域的经济、技术、文化等资源,将地方特色融入在线课程资源的开发中。最后,政府部门通过制定相关政策,引导社会力量参与在线教育的发展;同时,在满足教育公平的前提下,适度采用商业化和市场化的形式,为在线教育创造良性的竞争环境,调动高等院校、社会机构等多主体在这一领域的积极性。

（3）教育技术的开发与运用

重点开发以人工智能为代表的新型教育技术。人工智能是一个新兴的技术领域，在2017年的两会中，人工智能被首次写入政府工作报告，人工智能上升为国家战略。人工智能可以有效节约人力、物力成本，提高人与人之间的连接效率；人工智能将帮助好未来在学习场景的交互过程中，为优质教学资源赋能。在内容数据方面，好未来将从数据和算法入手进行挖掘，打造知识图谱。在教学数据方面，好未来将在语义识别、图像识别、人脸识别、情感识别、手势识别等方面进行探索，以解决供求端的优质教育资源赋能的问题。目前，我国还未能真正把在线教育的优势发挥出来，很多情况下只是简单地把传统课堂教学转移到线上进行，但只是形式上的转移，并没有真正把多媒体的其他优势表现出来。当前国外发展比较成熟的一种模式是直播加录制视频，当然还有更加成熟的模式，如把线上的分享与线下的交流相结合，建立一种混合型教学模式，但远远没有达到惊喜的程度。几乎所有在线教育网站仍只能根据求学者的搜索内容和以往参加过的课程来进行课程推送。基于此，高等院校、互联网站技术保障机构、在线教育行业企业等主体应开展多种形式的合作，将人工智能技术充分应用于在线高等教育的发展中，具体可以从以下方面入手。

第一，开发语音识别搜索技术。例如，由高等院校与互联网站进行技术合作，在移动网页、App端上，实现语音输入打出关键词，搜出课程等；在微信应用上，用户在微信公众号里说话，微信自动推出用户想要的课程等信息。

第二，根据学习者的实际需求，筛选合适的课程，根据用户的搜索记录判断用户的喜好，在首页和内页侧边栏自动推出用户喜欢的内容。

第三，联合现有的智库和其他技术研究机构，加快研发知识计算引擎与知识服务技术——重点突破知识加工、深度搜索和可视交互核心技术，实现对知识持续增量的自动获取，具备概念识别、实体发现、属性预测、知识演化建模和关系挖掘能力；跨媒体分析推理技术——重点突破跨媒体统一表征、关联理解与知识挖掘、知识图谱构建与学习、知识演化与推理、智能描述与生成等技术;自然语言处理技术——重点突破自然语言的语法逻辑、字符概念表征和深度语义分析的核心技术,推进人类与机器的有效沟通和自由交互,实现多风格、多语言、多领域的自然语言智能理解和自动生成。

第四,高等院校自身要加强人工智能技术的应用,开展智能校园建设,推动人工智能在教学、管理、资源建设等全流程中的应用。开发立体综合教学场、基于大数据智能的在线学习教育平台;开发智能教育助理,建立智能、快速、全面的教育分析系统;建立以学习者为中心的教育环境,提供精准推送的教育服务,实现日常教育和终身教育定制化。

第五,高等院校联合人工智能专业研究机构(或实验室),开发"人工智能助教",为在线高等教育的开展引入新的技术形态和技术力量。

参考文献

一、著作类

1.陈景磐.中国近代教育史[M].北京:人民教育出版社,1979.

2.陈时见,冉源懋.欧盟教育政策的历史变迁与发展趋势[M].北京:高等教育出版社,2016.

3.西南大学教师教育学院.教师教育改革与实践探索:西南大学教师教育改革研究文选(上、下册)[M].重庆:西南师范大学出版社,2016.

4.璩鑫圭,童富勇,张守智.中国近代教育史资料汇编:实业教育 师范教育[M].上海:上海教育出版社,2007.

5.陈永明,等.教师教育学科群导论[M].北京:北京大学出版社,2013.

6.沃尔夫冈·布列钦卡.教育科学的基本概念:分析、批判和建议[M].胡劲松,译.上海:华东师范大学出版社,2001.

7.傅道春.教师的成长与发展[M].北京:教育科学出版社,2001.

8.高志敏,等.终身教育、终身学习与学习化社会[M].上海:华东师范大学出版社,2005.

9.梁忠义,罗正华.世界教育大系·教师教育[M].长春:吉林教育出版社,2000.

10.顾明远,檀传宝.2004:中国教育发展报告——变革中的教师与教师教育[M].北京:北京师范大学出版社,2004.

11.管培俊,朱旭东.中小学教师队伍质量建设研究[M].北京:北京师范大学出版社,2014.

12.荀渊,唐玉光.教师专业发展制度[M].北京:教育科学出版社,2011.

13.郭丁荧.教师图像——教师社会学研究[M].高雄:高雄复文图书出版社,2004.

14.何东昌.中华人民共和国重要教育文献(1949年~1997年)[M].海口:海南出版社,1998.

15.何齐宗.教师教育与教师发展研究[M].北京:中国社会科学出版社,2014.

16.洪明.教师教育的理论与实践[M].福州:福建教育出版社,2007.

17.黄甫全.新课程中的教师角色与教师培训[M].北京:人民教育出版社,2003.

18.黄崴.教师教育体制:国际比较研究[M].广州:广东高等教育出版社,2002.

19.黄志成.西方教育思想的轨迹——国际教育思潮纵览[M].上海:华东师范大学出版社,2008.

20.教育部师范教育司.教师专业化的理论与实践[M].北京:人民教育出版社,2001.

21.经济合作与发展组织.教育概览2013:OECD指标[M].中国教育科学研究院,译.北京:教育科学出版社,2014.

22.靳希斌.教师教育模式研究[M].北京:北京师范大学出版社,2009.

23.李进.教师教育概论[M].北京:北京大学出版社,2009.

24.李建强.教师教育一体化的探索与实践(2005—2013年)[M].北京:中国农业出版社,2014.

25.李晓波,陆道坤.思想演变与体制转型:中国教师教育回眸与展望[M].镇江:江苏大学出版社,2012.

26.李其龙,陈永明.教师教育课程的国际比较[M].北京:教育科学出版社,2002.

27.李学农,张清雅.教师教育世纪转型与发展[M].南京:南京师范大学出版社,2014.

28.联合国教科文组织国际教育发展委员会.学会生存——教育世界的今天和明天[M].华东师范大学比较教育研究所,译.上海:教育科学出版社,1996.

29.联合国教科文组织总部中文科.教育——财富蕴藏其中:国际21世纪教育委员会报告[M].北京:教育科学出版社,1996.

30.梁启超.饮冰室文集点校[M].吴松,卢云昆,王文光,等点校.昆明:云南教育出版社,2001.

31.林樟杰.教师教育体制机制问题研究[M].北京:中国人民大学出版社,2009.

32.刘捷.专业化:挑战21世纪的教师[M].北京:教育科学出版社,2002.

33.刘建平.高校教师专业化的理论与实践[M].天津:天津人民出版社,2013.

34.陆炳炎.一体化:师范教育改革的思考与实践[M].上海:华东师范大学出版社,2000.

35.吕达,刘立德,邹海燕.杜威教育文集(第2卷)[M].北京:人民教育出版社,2008.

36.马啸风.中国师范教育史[M].北京:首都师范大学出版社,2003.

37.梅新林.聚焦中国教师教育[M].北京:中国社会科学出版社,2008.

38.卡尔·多伊奇.国际关系分析[M].周启朋,郑启荣,李坚强,等译.北京:世界知识出版社,1992.

39.彼得·圣吉.第五项修炼——学习型组织的艺术与实务[M].郭进隆,译.上海:上海三联书店,2002.

40.科南特.科南特教育论著选[M].陈友松,主译.北京:人民教育出版社,1988.

41. 费斯勒(Fessler,R.),克里斯坦森(Christensen,J.C.).教师职业生涯周期——教师专业发展指导[M].董丽敏,高耀明,丁敏,等译.北京:中国轻工业出版社,2005.

42.孟繁华,张景斌.和谐共生:教师教育共同体的理论与实践[M].北京:首都师范大学出版社,2016.

43.绕从满,杨秀玉,邓涛.教师专业发展[M].长春:东北师范大学出版社,2005.

44.筑波大学教育学研究会.现代教育学基础[M].钟启泉,译.上海:上海教育出版社,2003.

45.胡森.国际教育百科全书(第五卷)[M].贵阳:贵州教育出版社,1990.

46.谌启标.教师教育大学化的国际比较研究[M].福州:福州教育出版社,2008.

47.上海市浦东新区教育局第三教育署.走向共同发展——新时期教师专业发展有效路径的探索[M].上海:上海科学普及出版社,2010.

48.舒志定.教师教育哲学[M].北京:北京大学出版社,2012.

49.唐玉光.教师专业发展与教师教育[M].合肥:安徽教育出版社,2008.

50.王保华.国际教师教育机构认证制度研究[M].武汉:华中师范大学出版社,2007.

51.王邦佐.中学优秀教师的成长与高师教改之探索[M].北京:人民教育出版社,1994.

52.王淑芹,晓莉莉.教师教育人才培养新探索——构建资源共享模式的理论与实践[M].北京:北京师范大学出版社,2011.

53.王艳玲.教师教育课程论[M].上海:华东师范大学出版社,2011.

54.王泽农,曹慧英.中外教师教育课程设置比较研究[M].北京:高等教育出版社,2003.

55.吴锋民.大国教师教育[M].北京:中国社会科学出版社,2013.

56.吴卫东.教师专业发展与培训[M].杭州:浙江大学出版社,2005.

57.肖甦.转型与提升:教师教育的改革与发展[M].济南:山东教育出版社,2015.

58.肖甦.比较教师教育[M].南京:江苏教育出版社,2010.

59.谢安邦.高等师范教育研究——教师教育理论与实践[M].青岛:中国海洋大学出版社,2009.

60.谢冬平.中国社会转型期教师教育形态与机制调整(1990—2010)[M].北京:中国社会科学出版社,2016.

61.徐玖平,赵勇,黄钢,等.循环经济系统论[M].北京:高等教育出版社,2011.

62.杨启亮.困惑与抉择——20世纪的新教学论[M].济南:山东教育出版社,1995.

63.叶澜,白益民,王枬,等.教师角色与教师发展新探[M].北京:教育科学出版社,2001.

64.卡·波普尔.历史主义贫困论[M].何林,赵平,等译.北京:中国社会科学出版社,1998.

65.约翰·杜威.我们怎样思维·经验与教育[M].姜文闵,译.北京:人民教育出版社,2005.

66.赵长林.国际比较视野中的教师教育[M].广州:广东教育出版社,2012.

67.张楚廷.高校教师教育教学技能[M].长沙:湖南人民出版社,2010.

68.郑丹丹.教师教育者及其专业标准的国际比较研究[M].杭州:浙江大学出版社,2015.

69.张翔.困境与出路——教师教育U-S共生性合作问题研究[M].北京:北京师范大学出版社,2016.

70.朱旭东,李琼.教师教育标准体系研究[M].北京:北京师范大学出版社,2011.

71.钟秉林.教师教育转型研究[M].北京:北京师范大学出版社,2009.

72.教育部教师工作司.中学教师专业标准(试行)解读[M].北京:北京师范大学出版社,2013.

73.周成海.教师教育范式论[M].长春:东北师范大学出版社,2008.

74.周洪宇.教师教育论[M].北京:北京师范大学出版社,2010.

75.周琴,等.教师专业发展视域下的师范生免费教育[M].北京:科学出版社,2013.

76.周钧.美国教师教育理论与实践[M].北京:北京师范大学出版社,2015.

77.祝怀新.封闭与开放——教师教育政策研究[M].杭州:浙江教育出版社,2007.

78.朱旭东,胡艳.中国教育改革30年:教师教育卷[M].北京:北京师范大学出版社,2009.

79.朱旭东.中国现代教师教育体系构建研究[M].北京:北京师范大学出版社,2014.

80. Balassa B. The Theory of Economic Integration [M]. London: George Allen & Unwin Ltd, 1961.

81. Betty E. Steffy, Michael P. Wolfe, Suzanne H. Pasch, et al. Life Cycle of the Career Teacher [M]. Administrator Effectiveness, 1999.

82. Blackman C.A. Issue in Professional Development: A Continuing Agenda[A]. Holly M. and Mcloughlin C.S.(Eds.). Perspectives on the Teacher Professional Development [M].Philadelphia: The Falmer Press, 1989.

83. Burke P.J.Teacher Development [M].New York: The Flamer Press, 1987.

84. Darling-Hammond L. Building a Profession of Teaching: Back to the Future[M]. Sense Publishers, 2013.

85. Elliott J. Reconstructing Teacher Education [M]. London: The Routledge, 2012.

86. Ernst B. H. The Uniting of Europe: Political, Social, and Economic Forces 1950-1957[M].Standard: Standard University Press, 1958.

87. Furlong J.(Eds.). Teacher Education in Transition, Reforming Professionalism?[M]. Buckingham: Open University Press, 2000.

88. Grossman P.L.The Making of a Teacher: Teacher Knowledge and Teacher Education[M]. UMI Books on Demand, 1990.

89. Korthagen, F. A.J. Linking Practice and Theory: The Pedagogy of Realistic Teacher Education [M]. L. Erlbaum Associates, 2011.

90. Hale M.S. Collaboration in a Teacher Study Group as a Vehicle for Professional Development [M].The University of North Carolina, 1998.

91. Hoban G.F. The Missing Links in Teacher Education Design：Developing a Multi-Linked Conceptual Framework［M］.Springer Netherlands，2005.

92. Hutchins R. The Learning Society［M］.London：Pall Mall，1968.

93. Molle W. The Economics of European Integration：Theory，Practice，Policy，5th Edition［M］.Dartmouth：Routledge，2006.

94. Robinson S.，Darling-Hammond L. Professional Development Schools：Schools for Developing a Profession［M］.New York：Teachers College Press，1994.

95.Snoeck M.，Eisenschmidt E.，Forsthuver B.，et al. Developing Coherent and System-Wide Induction Programmes for Beginning Teachers-a Handbook for Policy Makers［J］.European Commission，2010.

96. Squires G. Teaching as a Professional Discipline［M］.London：The Falmer Press，1999.

97. Stenhouse. Curriculum Research and the Professional Development of Teachers［A］.An Introduction to Curriculum Research and Development［M］.London：Heinemann Educational Books，1975.

二、期刊类

1.北京师范大学教务处.创新教师教育模式,构建中国特色教师教育体系［J］.教师教育研究,2005(3).

2.蔡敏.论教育评价的主体多元化［J］.教育研究与实验,2003(1).

3.曹惠民.公共治理视角下的政府绩效问责机制研究［J］.理论导刊,2011(10).

4.常宝宁.教师教育一体化:本体特征与核心要素［J］.当代教育科学,2013(18).

5.陈德云,周南照.教师专业标准及其认证体系的开发——以美国优秀教师专业标准及认证为例［J］.教育研究,2013(7).

6.陈利平,范希运,于明业.论教师教育的一体化[J].辽宁教育研究,2005(7).

7.陈时见,刘义兵,张学斌.师范生免费教育政策的实施状况与发展路径——基于师范生免费教育的现状调查[J].教师教育学报,2015(4).

8.陈时见,田腾飞.南非教师教育的质量保障制度[J].教师教育研究,2011(6).

9.陈时见,王雪.教师教育一体化课程结构的构建与实施[J].教育研究,2015(8).

10.陈香琴.英国新教师"职业入门与发展档案制"研究[J].基础教育参考,2008(4).

11.陈元辉.城乡教育二元分离问题的解决策略探讨[J].教学与管理,2009(5).

12.丁兴富.论从全国教师教育网络联盟到国家教师教育虚拟大学[J].中国远程教育,2004(1).

13.范冰.教师在职培训:英国的经验与启发[J].比较教育研究,2004(1).

14.顾明远.教师的职业特点与教师专业化[J].教师教育研究,2004(6).

15.顾松麒.基础教育课程改革与教师教育新模式的建构[J].湖南第一师范学报,2002(2).

16.管培俊.为全面建设小康社会准备高素质教师[J].人民教育,2003(17).

17.管培俊.光荣与梦想(二)——中国教师教育改革开放30年[J].基础教育改革动态,2009(6).

18.何茜,张学斌.教师教育一体化课程体系及其实施保障[J].教育研究,2013(8).

19.洪早清.教师教育实验区:激活与开新[J].教师教育论坛,2014(1).

20.胡亚天.教师教育的特性与政策选择[J].课程·教材·教法,2003(5).

21.胡中波,李克武.注重实践训练 培养优秀师范生——华中师范大学的办学之路[J].大学(学术版),2010(9).

22.黄崴.从"师范教育"到"教师教育"的转型[J].高等师范教育研究,2001(6).

23.教师培养模式改革课题组.教师教育的理念与发展趋势研究[J].沈阳师范大学学报(社会科学版),2003(5).

24.姜勇.论教师专业发展的后现代转向[J].比较教育研究,2005(5).

25.金维才.观念变革:从教师素质观到教师质量观[J].安徽师范大学学报(人文社会科学版),2010(1).

26.黎婉勤.高校与中小学师资互聘:教师教育者成长新路径[J].教育探索,2015(7).

27.李中国.两种"三位一体"教师教育模式比较研究[J].教育研究,2014(8).

28.梁文艳,杜育红.基于学生学业成绩的教师质量评价——来自中国西部农村小学的证据[J].北京大学教育评论,2011(3).

29.刘晓明,徐旭水,潘海远."整合—互动"型校企合作办学模式中资源整合机制探究[J].中国职业技术教育,2009(1).

30.刘义兵,常宝宁.教师教育一体化师资队伍建设及其创新实践[J].教育研究,2015(8).

31.刘义兵,付光槐.教师教育一体化发展的体制机制创新[J].教育研究,2014(1).

32.刘益春,高夯,董玉琦,等."U-G-S"教师教育新模式的探索[J].中国大学教学,2015(3).

33.刘益春,李广,高夯."U-G-S"教师教育模式建构研究——基于教师教育创新东北实验区建设的实践与思考[J].教师教育研究,2013(1).

34.林伦伦,黄景忠.教师专业发展学校的建设原则与运作模式[J].教育评论,2012(4).

35.龙宝新.从专业教育方式打造到教师文化创生——论当代教师教育重心的转换[J].现代教育管理,2009(5).

36.潘懋元,吴枚.从师范教育到教师教育[J].中国高教研究,2004(7).

37.邱超.教师教育一体化:爱尔兰的政策和实践[J].外国教育研究,2014(4).

38.邱秀华.国际教师教育的一体化趋势及其启示[J].高教探索,2005(2).

39.覃丽君,陈时见.欧盟教师教育政策及其发展走向[J].比较教育研究,2013(12).

40.曲铁华,冯苗.专业化:教师教育的理念与策略[J].教师教育研究,2005(1).

41.申继亮,费广洪,李黎.关于中学教师成长阶段的研究[J].天津师范大学学报(基础教育版),2002(3).

42.饶玮,夏泽胜.我国教师教育一体化的理论反思与实践路径[J].继续教育研究,2015(8).

43.申燕,吴琳娜,张景焕.优秀教师成长历程的质性研究[J].当代教育科学,2009(6).

44.师范教育一体化课题组.上海市教师教育一体化的战略思考[J].高等师范教育研究,1998(5).

45.史宁中,柳海民.我国教师教育发展模式的选择[J].中国高等教育,2004(19).

46.孙进.德国教育投入的规模、结构及特点[J].比较教育研究,2009(5).

47.孙绵涛.教育现象的基本范畴研究[J].教育研究,2014(9).

48.陶青.教师教育与基础教育课程改革合流:反思、批判与重建[J].教育理论与实践,2008(5).

49.联合国教科文组织.变化中的教师作用及其对职业准备和在职教育的影响[J].万喜生,译.现代外国哲学社会科学(文摘),1986(11).

50.王蔚虹.国外教师职业生涯周期研究述评[J].集美大学学报(教育科学版),2008(2).

51.王颖华.卓越教师专业标准的国际比较及其启示[J].西北师大学报(社会科学版),2014(4).

52.汪建华.教师教育机构认证制度构建的探析[J].教师教育研究,2012(2).

53.汪琳,刘成富.法国的教育经费投入及其思考[J].高等理科教育,2010(5).

54.魏亚琴.顶岗实习 置换培训——教师教育实践教学新模式探索[J].宁波大学学报(教育科学版),2009(2).

55.吴琼."顶岗实习、置换培训"模式的多赢效应[J].现代教育管理,2010(12).

56.吴俊文,邵莉莉,叶雷.求真务实 开拓创新 不断推进大学生思想政治教育的科学发展——华中师范大学贯彻落实中央16号文件的实践探索[J].思想教育研究,2009(11).

57.肖瑶,陈时见.教师教育一体化的内涵与实现路径[J].教育研究,2013(8).

58.谢安邦.教师教育一体化改革的理论探讨[J].高等师范教育研究,1997(5).

59.徐娟.英国教师伙伴学校的发展、特点及启示[J].中国电力教育,2007(5).

60.许立新.博洛尼亚进程下欧盟教师教育的探索与创新[J].比较教育研究,2011(7).

61.薛天祥,张金福.多元、开放的教师教育体系管理体制的构建[J].高等师范教育研究,2002(2).

62.阎波,吴建南.目标责任制下的绩效问责与印象管理——以乡镇政府领导为例的分析[J].中州学刊,2013(12).

63. 杨瑞. 论我国现代教师教育一体化实现路径[J]. 继续教育研究, 2016(5).

64. 杨志荣, 汪云. 中国与美国财政性教育经费支出的比较[J]. 农业教育研究, 2013(3).

65. 杨之岭, 林兵. 詹姆士·波特论"师资三段培训法"[J]. 比较教育研究, 1980(3).

66. 叶澜. 一个真实的假问题——"师范性"与"学术性"之争的辨析[J]. 高等师范教育研究, 1999(2).

67. 叶澜. 大中小学合作研究中绕不过的真问题——理论与实践多重关系的体验与再认识[J]. 教育发展研究, 2014(20).

68. 易红郡. 英国教师职前培养、入职培训和在职进修的一体化及其特征[J]. 高等师范教育研究, 2003(4).

69. 尹小敏. 大学与中小学合作: 教师专业发展学校的质量保证[J]. 教育科学, 2011(4).

70. 余德英. "互联网+"背景下教师教育课程资源的建设[J]. 教育理论与实践, 2016(23).

71. 袁丽, 陈林. "顶岗实习"教师培养的政策分析及其争议[J]. 教师教育研究, 2014(6).

72. 袁振国. 从"师范教育"向"教师教育"的转变[J]. 中国高等教育, 2004(5).

73. 曾浩, 钟文锐, 沈娟. 试论教师教育创新实验区建设[J]. 高等教育研究, 2012(10).

74. 赵昌木. 美国教师专业发展学校: 理念、实施与问题[J]. 外国教育研究, 2003(10).

75. 赵丹凌. 教师可持续发展理论的基本内涵——对一种新的教师教育理论的探索[J]. 北京教育学院学报, 2002(1).

76.张斌贤,董静."教师教育学院现象"与师范院校的发展战略[J].高等教育研究,2012(10).

77.张巨斌.天津教师教育一体化的理论与实践[J].天津师范大学学报(基础教育版),2007(3).

78.张贵新,绕从满.关于教师教育一体化的认识与思考[J].课程·教材·教法,2002(4).

79.张海波.高职院校教师发展中心的有效构建[J].教育与职业,2016(19).

80.张乐天.我国师范院校布局结构调整相关问题的探讨[J].高等师范教育研究,2001(6).

81.张梅.日本谋求教师教育一体化的新动向——试析日本教育职员养成审议会的近三次审议[J].外国教育研究,2001(6).

82.张翔,张学敏.教师教育U-S共生性合作的发生机制探究[J].教师教育研究,2012(1).

83.张岩.试论教研工作的内涵及其省本功能定位[J].吉林省教育学院学报,2016(7).

84.张宇,于海英.城乡教育一体化进程中农村义务教育教师质量问题与对策[J].教育发展研究,2012(24).

85.钟祖荣,张莉娜.教师专业发展阶段的调查研究及其对职后教师教育的启示[J].教师教育研究,2012(6).

86.邹珺.行业型职教集团运行机制内涵及建设策略[J].职业技术教育,2014(26).

87.周福盛.我国教师教育转型的历史背景和现实基础[J].宁夏大学学报(人文社会科学版),2005(6).

88.朱旭东.论当前我国教师教育存在的十大问题及其解决途径[J].当代教师教育,2012(3).

89.左岚.中美卓越教师评价标准比较研究[J].外国中小学教育,2015(9).

90. Birgitte Malm. Towards a New Professionalism：Enhancing Personal and Professional Development in Teacher Education [J]. Journal of Education for Teaching, 2009, 35(1).

91. Linda Darling-Hammond. Assessing Teacher Education：The Usefulness of Multiple Measures for Assessing Program Outcomes[J]. Journal of Teacher Education,2006(2).

92. Eric Hanushek. Teacher Characteristics and Gains in Student Achievement：Estimation Using Micro Data [J]. The American Economic Review, 1971, 61(2).

93. Frances F. Fuller. Fuller F.F. Concerns of Teachers：A Developmental Conceptualization[J].American Educational Research Journal,1969,6(2).

94. John I. Goodlad. Why We Need a Complete Redesign of Teacher Education[J]. Educational Leadership, 1991,49(3).

95. Ann Jaquith, Dan Mindich, and Ruth Chung Wei. Pockets of Excellence：Study Explores How Policy Affects Professional Learning in 4 High-Performing States[J]. Journal of Staff Development, 2010, 31(5).

96. Lilian G. Katz. Developmental Stages of Preschool Teachers [J]. The Elementary School Journal, 1972,73(1).

97. Fred A.J. Korthagen. In Search of the Essence of a Good Teacher：Towards a More Holistic Approach in Teacher Education[J]. Teaching and Teacher Education, 2004, 20(1).

98. Joan McRobbie J. Career-Long Teacher Development：Policies that Make Sense. Knowledge Brief[J]. The WestED Board of Directors, 2000(3).

99. Okpala C.O., Ellis R. The Perceptions of College Students on Teacher Quality：A Focus on Teacher Qualifications[J]. Education, 2005, 126(2).

100.Pinder J. Positive Integration and Negative Integration：Some Problems of Economic Union in the EEC[J].The World Today，1968，24(3).

三、报纸类

1.张国圣.重庆：创建教师教育创新实验区[N].光明日报,2013-10-09.

2.陈燕.我市大力推进教师队伍建设[N].重庆日报,2014-09-09.

3.纪秀君,张东.用爱点亮"残缺生命"——我国特殊教育教师队伍建设稳步推进[N].中国教育报,2014-06-14.

4.周波.百花齐放 成都素质教育蓬勃发展[N].成都日报,2013-12-16.

5.匡丽娜.我市拟建4个乡村教师发展创新实验区[N].重庆日报,2016-05-24.

6.陈德喜.在实践中探索教师教育课程改革[N].中国社会科学报,2014-12-10.

7.于维涛.教师教育呼唤政策支持与制度创新[N].人民政协报,2015-11-18.

四、词典类

1.教育大辞典编纂委员会.教育大辞典(第2卷)[M].上海:上海教育出版社,1990.

2.霍恩比.牛津高阶英汉双解词典(第六版)[M].石孝殊,王玉章,赵翠莲,等译.北京:商务印书馆,2004.

3.达尔吉什(Dalgish,G.M.).韦氏高阶美语英汉双解词典[M].北京:外语教学与研究出版社,2006.

4.夏征农,陈至立.辞海(第六版彩图本)[M].上海:上海辞书出版社,2009.

5.中国社会科学院语言研究所词典编辑室.现代汉语词典(第7版)[M].北京:商务印书馆,2016.

五、学位论文

1.谭菲.美国中小学初任教师入职教育研究[D].重庆:西南大学,2012.

2.覃丽君.德国教师教育研究[D].重庆:西南大学,2014.

3.涂志浩.英国新教师入职培训指导政策研究[D].重庆:西南大学,2011.

4.陈海凡.初任教师的入职引导制度:以日英为例[D].上海:华东师范大学,2003.

5.贾玉廷.英国初任教师入职教育政策与实践研究[D].济南:山东师范大学,2015.

6.张桂娟.澳大利亚《国家教师专业标准》2003版和2011版的对比研究[D].重庆:西南大学,2014.

7.崔彦.美国教师专业发展学校:经验与启示[D].上海:华东师范大学,2002.

8.韩冬.芬兰教师职前教育研究[D].淮北:淮北师范大学,2015.

9.高镜淳.美国教师专业发展学校的历史考察[D].石家庄:河北大学,2014.

10.孔霞.主体性教师专业发展研究[D].贵阳:贵州师范大学,2007.

11.滕敏.教师职前与职后教育一体化背景下我国教师进修机构的转型研究——以安徽省F县教师进修学校为例[D].南京:南京师范大学,2013.

12.向丽.英国新教师入职培训制度研究[D].成都:四川师范大学,2005.

13.熊建辉.教师专业标准研究——基于国际案例的视角[D].上海:华东师范大学,2008.

六、文件类

1.国务院.国务院关于基础教育改革与发展的决定.国发〔2001〕21号.

2.国务院.国务院关于加强教师队伍建设的意见.国发〔2012〕41号.

3.教育部.关于印发《关于师范院校布局结构调整的几点意见》的通知.教师〔1999〕1号.

4. 教育部. 教育部关于大力推进教师教育课程改革的意见. 教师〔2011〕6号.

5. 教育部, 国家发展改革委, 财政部. 教育部 国家发展改革委 财政部关于深化教师教育改革的意见. 教师〔2012〕13号.

6. 教育部. 教育部关于实施全国中小学教师信息技术应用能力提升工程的意见. 教师〔2013〕13号.

7. 教育部. 教育部关于开展普通高等学校本科教学工作审核评估的通知. 教高〔2013〕10号.

8. 教育部. 教育部关于大力推行中小学教师培训学分管理的指导意见. 教师〔2016〕12号.

9. National Board for Professional Teaching Standards. What Teachers Should Know and Be Able To Do. Arlington: NBPTS, 2002.

10. National Board for Professional Teaching Standards. Science Standards for Teachers of Students Ages 11-18+. Arlington: NBPTS, 2004.